让日常生活成就孩子的内驱力

[美] 杨冬华 著

浙江科学技术出版社·杭州

版权所有　侵权必究

图书在版编目（CIP）数据

让日常生活成就孩子的内驱力 /（美）杨冬华著. — 杭州：浙江科学技术出版社，2024.1
ISBN 978-7-5739-0943-5

Ⅰ.①让… Ⅱ.①杨… Ⅲ.①家庭教育 Ⅳ.①G78

中国国家版本馆CIP数据核字（2023）第251963号

书　　名	让日常生活成就孩子的内驱力				
著　　者	[美]杨冬华				
出版发行	浙江科学技术出版社 杭州市体育场路347号　邮政编码：310006 办公室电话：0571-85176593 销售部电话：0571-85062597				
排　　版	杭州兴邦电子印务有限公司				
印　　刷	杭州宏雅印刷有限公司				
开　　本	880 mm×1230 mm　1/32		印　张	6.75	
字　　数	128千字				
版　　次	2024年1月第1版		印　次	2024年1月第1次印刷	
书　　号	ISBN 978-7-5739-0943-5		定　价	58.00元	

责任编辑　陈淑阳	责任美编　金　晖
责任校对　张　宁	责任印务　吕　琰

如发现印、装问题，请与承印厂联系。电话：0571-87357627

编辑荐语

身为父母，最大的期望，就是培养出优秀的孩子。而对孩子最好的教育，就是生活，可以说，一切教育都蕴含在日常生活中。

本书作者杨冬华教授是一位美籍华人，出身于广东一个教师之家，一出生就与教育结下了不解之缘。她不仅自己成了一位出色的免疫组织化学和肿瘤耐药领域专家，更是通过做好日常生活教育，养育了旻旻和璐璐两个优秀的孩子，她们分别以SAT（俗称美国高考）高分或满分的成绩考上美国罗格斯大学、普林斯顿大学。

她在书中讲述了自己的育儿心路历程和女儿的成长过程，围绕如何尊重孩子的天性，发现孩子的天赋，相信孩子的无限可塑性；如何借助博物馆、童话故事、生日派对、家庭月刊等，培养孩子对美的感知力、想象力、创造力、写作能力和组织协调能力；如何敢于放手、善于放手，让孩子学会在解决问题的过程中不断成长，最终独立飞翔等问题，以生动的文字、鲜活的事例与读者分享了对孩子成长教育问题的感悟和对教育的思考。通过中外育儿经验的交流互鉴，让国人更多地了解发达国家的教育理念、育儿经验和实践做法，丰富、完善乃至修正原有的教育经验、方法，帮助国内家长把握时代趋势、教育本质，确立科学的养育观，对此该书具有一定的参考意义，这也是本书的出版价值所在。

最后还要说明一点：世界上并不存在"放之四海而皆准"的方法，孩子的教育也是如此。国情的不同，以及文化背景、社会环境、教育理念等的差异，都会深刻影响各国家庭的教育观念和实践。同时，孩子的性情是千差万别的，即使是同一个家庭的孩子，也存在很大的差异，正如世界上没有完全相同的两片树叶一样。因此，希望你在借鉴、吸收国外教育理念和教育方式的同时，也要注重本国优秀传统文化的传承和弘扬，要结合自己本国的国情、孩子的具体情况等因材施教。

自　序

通往燧石星空的小"璐"

每当我走进巍峨、恢宏、壮美的美国著名的大学图书馆——普林斯顿大学燧石图书馆,一种敬畏之情总会油然而生。在这座馆藏800多万册图书、朴素而笃实的知识圣殿里,我能感受到人类文明灿烂的星空发出的光芒。有一天,我仰望着它,被它的光芒所牵引,继而向上飞跃,融入其中。由此,我萌发了一个念头:分享我的女儿是怎么一路走来,最后来到这里淬炼的故事。

把自己的子女培养成一个有内驱力、热爱生活、有抱负、有思想的人,这个梦想并非遥不可及。但是,这其中的确有许多技巧。在这本书中,我会告诉你,**我是怎么样陪着孩子长大,让她做自己喜欢的事情,自主自觉地学习。在培养孩子的过程中,重要的不是参加补习班,也不是参加夏令营,而是做好日常生活中的家庭教育。**每一件不起眼的日常小事,都可以是培养孩子的机会。希望你在阅读我的育儿心路历程以及我女儿的成长史时，能理解我的独特感受，领略我对教育的思考，从中得到启发；希望你会因其中的信念、爱和探索而被激励及感动。

杨冬华

小主人公自述

功不可没的"兔妈"

像华裔作家蔡美儿撰写的《虎妈战歌》所说的那样,我妈妈与我之间也有过如同一首钢琴曲那般跌宕起伏的"战争"。我依旧记得5岁时在练习一首叫《爱的礼赞》的乐曲的场景,我们之间发生了一场在音乐声中开始,也在音乐声中结束的"战争"。我的武器是眼泪,妈妈的武器是晚餐。当钟表的滴答声掩盖不住"咕噜咕噜"的肠鸣音时,妈妈赢了。这个故事的主人公并不是璐璐·蔡·鲁本菲德,而是我,陈杨璐——璐璐。我和璐璐·蔡·鲁本菲德的经历很相似,我们的共同感悟是,我们完全有能力去完美地演绎那些曾经让我们望而生畏的乐章。幸运的是,我的妈妈不是"虎妈",她属兔,是一只温柔的"兔子"。

兔子妈妈每天大概只花5分钟去哺育小兔子。同样地,妈妈每天只花很短的时间操心我的事,她很少像"虎妈"那样严厉地管教我。大部分时间里,她总是安静、淡定的,心无旁骛地干着她自己的事情。她并不过分在意我的成绩,她甚至允许我参加小朋友的生日晚会、在小朋友家过夜、参加各种体育活动,乃至看电视——她没有告诉我,参与这些活动是放弃进入美国常春藤联盟大学的"自杀"行为。显而易见,她没有过分地抱着望女成凤的心态想把我塑造成一个奇才,她不过是想让我在百花园中自由地绽放属于我自己的姿态。

我4岁的时候很喜欢看动画《超级战队》,却不知道怎样使用电视遥控器。妈妈对我说:"看仔细了,这一次我教你怎样用。但是从下次起,你就要自己学会用了。"她总是希望我在遇到一件事情的时候,能在第一时间学会它,然后可以终身受益。

我刚随家人移民到美国时,使用英语对我来说是一件比登天还难的事情,我厌恶这个"不速之客"。妈妈没有同情我,反而冷冷地说:"二选一,买张飞机票飞回中国,或者学会适应美国。"我在愤怒中领会到:我可以做选择,但每个选择都只能靠自己实现。是的,我可以去她的实验室,但只有通过学习烦琐的程序,然后证明自己有能力使用她的实验仪器,我才可以动用她的实验仪器。是的,她可以给我为尼泊尔孩子募捐的活动出主意,但我必须先说服她我在乎什么,而她又为什么要在乎。"你是我的妈妈"这样的蹩脚借口,在妈妈那里永远行不通。

有的时候,妈妈给我的感觉是一种全然的漠不关心,而不是严厉的爱。当我对永远做不完的家庭作业抱有怨言时,她却一本正经地说:"如果不做作业可以让你开心的话,那就别做了。"然而稍后我不得不回到桌子前时,她又挖苦道:"我还以为你不喜欢做作业呢!"我无奈地摇着白旗——投降!嘀咕着推迟写作业并不意味着不需要写作业,这也不能让我开心啊。

奇怪的是,她愿意为我支付旅游度假的费用,却不愿意花分文在我的夏令营上,她总是鼓励我"去找一个有奖学金的项目,然后想办法获得它"。所以,我通过努力,争取到美国新泽西州长学校的免费夏令营。她总是让我对自己的学业负责。唯一一次我认为自己能赢得的"战斗"是参加 SAT(俗称美国高考)培训课。"它能够让我变得聪明,取得好成绩。好成绩对于我进入大学有着不可忽视的作用。"我和她争辩。她却皱着眉头说:"不,金钱不能代替勤奋的学习。"她又一次胜利了,因为最后事实证明是我的努力让我取得理想的成绩,而不是她在这上面所花的金钱。

在成长的蓝天下,妈妈没有强迫我去上各种各样的课,她总是会放开手,让我用自己暂时无力的翅膀在暴风雨中挣扎,在挣扎中成长。她用自己独特的方式教育我,让我远离依赖,但又不至于觉得压力重重。她让信念的种子在我心田里扎根,让我明白只要知道自己想达到什么目标并付诸行动,就可以实现任何目标。如果将来的我有所成就,那么在这一路上,"兔妈"功不可没。

陈杨璐

目 录

01 边玩边学：尊重孩子爱玩的天性 ······ 001

爱玩是孩子的天性。尊重孩子的天性，顺应孩子的天性，事情就会变得容易。

玩耍和学习不是对立的。学习可以在玩耍中发生，孩子可以在玩耍中认识这个世界。

02 参观博物馆：艺术启蒙越早越好 ······ 011

艺术启蒙十分重要，越早越好。

对美的感知能力不是与生俱来的。孩子需要大人的引导，从小得到正确的培养。

孩子从小就应该懂得欣赏和珍惜自己拥有的东西，并赋予其美好的内涵。

03 相信童话故事：激发想象力和创造力 ······ 017

看似无稽幼稚的玩乐，对于丰富孩子的想象力和创造力却有着不可低估的作用。

不要以大人的自以为是嘲笑孩子的无知，不要以大人的成熟想法轻视孩子的幼稚思维。

04 办一场生日派对：组织领导能力的启蒙 ⋯⋯ 025

让孩子独立完成一件件事情。在做事情的过程中，从选择目标，制订计划，到最后的成功或者失败，孩子的创造力和领导力等素质都会得到培养及体现。

05 升学的抉择：深入了解孩子 ⋯⋯ 031

了解孩子是一门艺术。作为家长，我们有义务去发现孩子身上的每一个闪光点，去发掘他们的潜能，从而引导他们往更好的方向发展。只有深入了解孩子，才能为孩子做出正确的选择。

06 爱上阅读：为孩子插上遨游世界的翅膀 ⋯⋯ 039

孩子天生充满对世界的好奇心和求知欲，只要我们善于引导，读书对孩子来说就不会是一种负担，而是一种乐趣。
开卷总会有益。孩子读什么书都没有关系。让孩子感觉到阅读是一件有趣的事情，孩子就会自主自觉地阅读。
孩子有了爱阅读的习惯，就好比有了自己的翅膀，有了自己的天空和海洋。

07 学习跳水：孩子，你慢慢来 ⋯⋯ 047

我们并不是生来就会做任何事情，懂得所有知识。每个人做事和学习的进度也有快有慢，过度催促只会打消孩子的学习热情，让他们厌恶所学的东西，即所谓的"揠苗无法助长"。
保护好孩子对做事情和学习的兴趣，让孩子树立自信。有了兴趣和自信，孩子就会有动力去把事情做好。

08 创办家庭月刊：写作能力的养成 ⋯⋯ 055

培养孩子从小打破传统框架、跳出常规思维、敢想敢干的能力。写作是一个需要长期修炼的过程。

09 孩子是如此特别：发现孩子的天赋和兴趣 ······ *061*

孩子不是哲学家，不擅长理性思考，只喜欢做让自己感到快乐、好玩的事情。每一个孩子都是不同寻常的，都有其优异和特别之处，我们应该及时发现并给予鼓励。

10 回国过暑假：独立的第一步 ······ *069*

我们不会把孩子看成什么事情都不会做的小婴儿，因此不会什么事情都替她们安排好。我们经常会说"放手去做"，鼓励孩子自立自强。

11 跨级学数学：选择与运气 ······ *075*

机会不由我们选择，但是我们可以选择时刻做好准备，以抓住机会。
最重要的是，让孩子学会如何了解自己、如何选择，让孩子跟着自己的感觉走。

12 学习中文：兴趣和现实 ······ *083*

每个人不可能只做自己喜欢做的事。而且，一个人喜欢的事情会随着时间和环境的变化而改变。
学会去喜欢做需要做的事情，这很重要。

13 参加"带子女上班日"：潜移默化的生涯教育 ······ *093*

父母带孩子上班对孩子来说，不仅意味着有趣，也有着潜移默化的教育作用。
父母带孩子上班，除了让孩子知道父母每天上班做什么以外，还可以满足孩子的好奇心，加深孩子对社会、对职场的感性认识。

14 参加课外活动：培养爱和社会担当 ········· *099*

课外活动是基石。参加课外活动时一定要选自己喜欢的、感兴趣的，还要有目标感，要参加能展现或者发展个人才能的活动，并争取取得一定成绩。
孩子在刚出发时，需要父母指示方向。孩子在旅途中，需要父母给予鼓励和支持。

15 竞选"公职"：成长是一个过程 ············ *107*

我们应该帮助孩子提高实力，鼓励孩子凭借自己的能力，为自己创造美好的未来。
孩子的成长都有一个过程，我们无须操之过急。

16 开启寻根之旅：敢于放手 ················· *113*

孩子的可塑性是无限的，我们需要给他们提供展示才华的机会。

17 独立筹款：理智应对"叛逆" ············· *119*

叛逆，代表孩子想独立。我们要尊重叛逆期的孩子，既不能强行让孩子接受父母的意见，也不能一味地顺从他们。在适当的时候，我们要提醒他们，世界并不只有美好，事情也不总是一帆风顺的。

18 荣誉课程风波：学会解决问题 ············· *125*

大人总以为孩子不懂事，实际上，更多时候是大人不懂孩子。孩子自己能做很多事情，其身上也有很多闪光点值得家长学习。

19　SAT满分的喜悦：等待和希望 ……………… 133

我们只需要为孩子创造环境，提供条件，帮助孩子发展。做任何事情，都不会有所谓的太快或者太慢。

20　首选普林斯顿大学：以理服人 ……………… 139

有时候，当责怪孩子不听话时，父母是否该反思自己说的是否有道理？实际上，逐渐长大的孩子，大多有主见，知道自己应该做什么，也都会为自己的前途考虑。
让孩子有学习做事的动力，就要培养孩子，让孩子选择自己喜欢做的事情，而不是代替孩子做选择。

21　录取前的"打赌"：接受现实，调整自己 ………… 147

我们能够做的就是接受现实，调整自己，积极应对生活的挑战。
教育不只是为孩子将来的生活做准备，教育本身就是生活。

22　分享大学申请经验："自推娃"的产生 ………… 153

俗话说"三岁定终身"，孩子的生活习惯、学习习惯都是从小养成的。孩子的人生观，也是在上大学之前就基本固定了的。

23　水到渠成：日常与环境教育的重要性 ……………… 163

在日常生活中，让孩子养成良好的习惯，让孩子在快乐的生活中自然而然地脱颖而出。这就是最重要的家庭教育。

24 大学4年：思维能力的提升 ⋯⋯⋯⋯⋯⋯ 171

璐璐的4年大学生涯结束后，我发现璐璐对眼前发生的事情，对周围的环境和现象，有了比入大学前更敏锐的洞察力和更客观的分析能力。这4年，璐璐的最大收获，就是拥有了自主学习的热情和对事情的理性判断及选择能力。

25 走出校园，走向未来：成功的不同定义 ⋯⋯⋯ 177

主动学习、灵活应变、了解世界，将是未来教育的新趋势。

26 新的征程：入读哥大医学院 ⋯⋯⋯⋯⋯⋯⋯ 185

在这个历史性的2020年，媒体界异常嘈杂。在这样的背景下，学会获得、过滤、分析、使用信息非常重要。每个人，都必须尊重事实，但可以挑战任何观点。

27 内驱力的源泉：随意又充实的生活 ⋯⋯⋯⋯⋯ 191

随意让我对万事万物充满好奇，让我去学习，去拥抱新奇的事情，还有所有挑战。
生活不是由一系列明确的目标组成的路途，它充满随意的朝气与活力。

后　记 ⋯⋯⋯⋯⋯⋯⋯⋯⋯⋯⋯⋯⋯⋯⋯⋯⋯⋯ 199

边玩边学：
尊重孩子爱玩的天性

  爱玩是孩子的天性。尊重孩子的天性，顺应孩子的天性，事情就会变得容易。

  玩耍和学习不是对立的。学习可以在玩耍中发生，孩子可以在玩耍中认识这个世界。

我是一位中国母亲。像许许多多的中国母亲一样，我也会望子成龙、望女成凤。20世纪90年代初期，中国科技发展水平相对落后，"出国热"方兴未艾。我是20世纪80年代有理想、有抱负的"天之骄子"之一，是原中山医科大学（现为中山大学）临床医学系医学生和生理学硕士研究生。那时候，国外具有先进的科学技术和更新的教育理念。我们还年轻，所以我和许多同学朋友都认为，我们必须去做"开荒牛"，为了祖国，为了孩子，也为了自己。1993年1月，我获得日本文部科学省奖学金，于是放弃在中国进出口商品检验局广东分局食品微生物检验科的工作，到日本鹿儿岛大学医学院攻读博士学位。璐璐是1995年在日本鹿儿岛市出生的。璐璐有一个比她大4岁的姐姐，叫旻旻。旻旻在不满2岁时与我先生一起到日本。我先生到日本后也进入日本鹿儿岛大学医学院攻读博士学位。我们在日本鹿儿岛大学学习、工作了7年多。

2000年3月，我先生获得美国宾夕法尼亚州福克斯切斯癌症中心博士后研究员的职位来到美国。2000年7月，我放弃作为日本国家公务员（日本文部科学省教官）在日本鹿儿岛大学医学院任教的职位，带着两个女儿，从日本来到美国与先生会合，定居美国第四大城市——费城。

初到美国，璐璐不太高兴。这也难怪，那时候的她才4岁多。孩子突然去到一个陌生的环境，语言不通，又没有熟悉的小朋友，自然会不开心。和其他同龄孩子一样，璐璐是一个普通的孩子，一个还不懂事的孩子。

时值暑期，为了让她尽快适应美国生活，我们从图书馆借来很多英语图书、英语录音磁带，希望她能够在9月开学前学几句英语。然而，璐璐对这些读不懂的"天书"、听不懂的"天语"深恶痛绝。她碰都不碰那些东西。每天我想带她学习时，她就吵着要回日本、回中国，要玩、玩、玩！我拿她没办法，只好陪着她玩。那时，我们住的是福克斯切斯癌症中心的博士后宿舍，一栋别致的小红砖楼，小小的2室1厅，空间不够孩子玩耍。于是，我就常常带她到外面去。楼下玩腻了，就到附近的小公园。美国各个小区都有小公园，而且环境幽美，免费开放。每天总有许多居民到小公园锻炼、遛狗，带着孩子在游乐场玩耍。这下可好了，璐璐玩得很开心，结交了新的小朋友，就不再嚷着要回日本、回中国了。

时间飞快流逝，2个月一眨眼就过去了。2000年9月，璐璐可以上幼儿园了。我们开始有些担心，2个月放纵地玩，毫无纪律地生活，加上语言不通，璐璐一定很难适应。我没急着去找工作。我计划陪她一个月，循序渐进，让她慢慢适应。我们打算第一周只让她上半天幼儿园，下午回家，第二周再做计划。入幼儿园的第一天，中午去接璐璐时，她的班主任麦禔希琪诗女士说，璐璐表现不错，能和小朋友一起玩。我听着很开心，但是半信半疑。第二天中午去接璐璐时，老师说，璐璐喜欢这里，明天可以让她吃完午饭再回家。第三天吃完午饭去接她时，老师说，璐璐很好，挺适应这里的，明天我可以下午再来接她。星期五，老师告诉我说，璐璐在这里虽然语言不通，但她能和小朋友玩到一起，喜欢参加幼儿园的活动，她过得很开心，所以下周让她全天上学应该没问题。就这样，璐璐很快适应了这里的幼儿园生活，适应速度远远超出我们的预期。我们别提有多开心了。

这让我回想起璐璐 2 岁多刚上日本幼儿园很不适应的时候。差不多有 2 个月时间，每天早上，她都哭着不肯去幼儿园。实际上，日本的幼儿园老师很细心，很敬业。记得璐璐上幼儿园的第一天，老师积极地跟我们学说中文，如"吃""尿尿"。每次到幼儿园，总能看到老师抱着或背着一个孩子，可见他们的敬业精神与对孩子无微不至的关怀。但是，璐璐刚到日本幼儿园时并不觉得好玩。

相比之下，美国的幼儿园老师并没有日本的幼儿园老师细心。但我更喜欢美国的幼儿园老师，因为他们开口闭口都是"她能做好""没问题"。这对孩子和家长来说都是极为重要的鼓励。不像在日本，人们喜欢说"真可怜"，让我们常常感到孩子很可怜，需要照顾；孩子也自觉可怜，觉得需要别人的照顾。

日本的幼儿园老师总想更多、更好地帮助孩子。而美国的幼儿园老师，却好像不太管束孩子。他们让孩子随意活动，整体氛围轻松自由。我感觉美国的幼儿园就像孩子的乐园，每个孩子都很开心。加上璐璐已经有近2个月在公园与小朋友玩耍的经历，自然很容易和小朋友玩到一起，因而很快适应了美国的幼儿园生活。

这真是"无心插柳柳成荫"。我认识到，**最重要的事情就是尊重孩子的天性，让孩子开心。孩子有追求玩乐的权利，父母和老师有让孩子快乐的义务。顺应孩子的天性，事情就会变得容易。**

我很喜欢这里的幼儿园，环境优美，游乐设施十分齐全。幼儿园的教室就像一间包罗万象的小百货商店，里面的物品琳琅满目，有玩具、图书、绘画用品、积木，甚至厨房用品等，孩子可以随意玩耍。我常常看到孩子在教室里各玩各的，有的在玩过家家游戏，有的在玩积木，有的在绘画，有的在安安静静地看书，有的在走来走去，有的在放声大笑。曾经我也有过疑问：在这样看似毫无组织性、纪律性的幼儿园，孩子能学到东西吗？

更让我感到意外的是，这里的幼儿园并没有固定的课本或教材。那么孩子在幼儿园里干些什么呢？据我观察，老师会在各个季节设计各项专题或组织各种活动。老师会带孩子做各种各样的手工，比如母亲节（或父亲节），老师带着孩子给母亲（或父亲）准备一个小礼物，做一张卡片或者一个礼物包装盒，写下"您是天下最好的母亲（或父亲）"之类的话语。情人节，老师会让孩子用红色或粉红色的画纸做成各种心形卡片，作为礼物送给朋友或者亲人，让孩子从小就得到关于爱等情感的启蒙。秋天来了，老师会带孩子去外面玩树叶，让他们把自己捡来的各种各样的树叶，根据形状分门别类，然后教孩子画树叶、剪树叶，把树叶做成小书签、小兔子等小玩意。感恩节来了，老师会给孩子讲感恩节的故事，让孩子画火鸡，剪出火鸡形状，画出他心里关于感恩节大餐的样子；老师也会让孩子写下一些简单感恩的句子，让孩子从小学会感恩。万圣节是孩子最喜欢的日子，他们画南瓜，雕南瓜，有时还做南瓜饼，可能还会画一些蝙蝠、巫女、精灵等，虽然画笔稚嫩，却别有一番趣味。孩子高兴地穿上各种各样的万圣节服装，参加化装舞会或游行。冬天到了，孩子少不了要到外面玩雪，堆雪人，打雪仗。圣诞节到了，当然要唱圣诞歌，讲圣诞老人的故事，装饰圣诞树，给父母制作圣诞礼物。这些活动，都要孩子自己动手、动脑，锻炼他们的想象力和创造力。这些活动，有些是孩子自己一个人完成的，有些是几个孩子一起完成的。当然，幼儿园里还有许多其他活动，比如远足郊游、防灾训练、人身安全训练等。

　　在幼儿园的教室内和走廊上，处处贴满孩子的作品。而这些作品也会经常更新。虽然这些作品质量参差不齐、风格各异，但是每次见到家长时，老师总是诚心地夸奖作品，夸奖孩子："作品太好了，孩子太棒了！"家长和孩子也都笑逐颜开，理所当然地接受和感谢老师的夸奖。

璐璐和其他小朋友一样，常常会把在幼儿园做的作品带回家。孩子的作品，虽然粗糙简单，但是在我的眼里，都是可爱的艺术品。我常常和孩子一起，把她们的作品摆在家里作为装饰品，贴在冰箱门上，挂在墙上，摆在桌子上。每次，姐妹俩都很开心。我们家里显眼的地方都是孩子的作品。客人到家里来，自然会夸奖孩子的作品，夸奖孩子一番。孩子得到夸奖，更是得意扬扬。这样，下次创作作品时，自然会更来劲、更用功。

孩子在幼儿园，似乎每天都在玩；在家里，也是以玩为主。由于工作我们很忙，从来没有刻意地教孩子读唐诗宋词，背诵《三字经》，或者去参加各种学习班。其实，生活中的所有时间和空间都是孩子的学习课堂。我认为，**爱玩是孩子的天性，玩耍和学习不是对立的。学习可以在玩耍中发生，孩子可以在玩耍中认识这个世界**。大人只需用点儿心多加引导，就能让孩子把玩耍和学习结合起来。比如，在收获的季节带着孩子外出郊游，在享受全家相聚之乐的同时，也可以教会孩子很多关于田野的故事；让孩子自己动手做小东西，既可以让他们玩得开心，又可以从小培养他们的动手能力；带着孩子去市场买菜，让他们在新鲜的地方学会许多日常小知识……**幼儿教育中最重要的是满足孩子日益增长的好奇心，培养孩子的自信心，丰富孩子的想象力和创造力**。这里的幼儿园和我们自己，并没有教授孩子多少文化课。但是，我觉得孩子在玩耍的过程中和日常生活中学到了比文化课更重要的东西。

我收集了许多旻旻和璐璐小时候的作品,即使越洋搬家,我也舍不得丢弃。谁能知道,这些作品,500年后是不是文物呢?(别当真,开玩笑的。)我特别喜欢璐璐5岁时画的一张英文字母表。每一个字母都有一幅画,A是苹果(apple),B是小熊(bear),C是小猫(cat),D是小狗(dog)……原来他们学字母时,老师就会教他们单词,每一个单词对应一个东西。这里的许多孩子,都会画这样一张英文字母表,但是他们画的都是不同的。因为每一个单词在不同孩子的脑子里代表不一样的东西,而且每一个孩子头脑里的东西,比如小猫、小狗也都是不一样的。所以,**其实孩子在玩耍中能学到很多东西,也能玩出想象力和创造力**。

人们常常把玩耍当作学习知识技能之外的放松、休闲活动。然而,我相信,放松、休闲和学习不矛盾。**最有效的学习,是放松、休闲的学习**。对于孩子而言,学习和玩耍就是同一件事。什么是"玩"?玩是随心所欲、不受控制、没有干预的快乐活动。所以,不管孩子做什么事情,只要我们不去干预他们,不给他们设定目标,不给他们布置任务,让他们随心所欲,就是"玩"。他们的大脑就能在放松的状态下玩出专注力,玩出知识技能,玩出运动能力。

著名思想家、教育家卢梭在他的教育论著《爱弥儿》中提出一个最有用和最重要的教育法则,就是在孩子的早期教育过程中,应该让孩子尽情地玩耍,不能让课程学习挤占孩子的玩耍时间。心理学认为,孩子智力发育的最佳时期是6岁前,这段时间应该让孩子尽情自在地玩耍。卢梭在《爱弥儿》中还说道："什么是最好的教育？最好的教育就是无所作为的教育。学生看不到教育的发生，教育却实实在在地影响着他们的心灵，帮助他们发挥潜能。这才是天底下最好的教育。"这就是所谓的"润物细无声"。长篇小说《汤姆·索亚历险记》中有这样一句话：谁拥有一个灿烂的童年，谁就拥有了世界。

因此，让孩子在玩耍中成长是一个不错的选择。

参观博物馆:
艺术启蒙越早越好

  艺术启蒙十分重要,越早越好。
  对美的感知能力不是与生俱来的。孩子需要大人的引导,从小得到正确的培养。
  孩子从小就应该懂得欣赏和珍惜自己拥有的东西,并赋予其美好的内涵。

费城是美国的诞生地，全称为费拉德尔菲亚（Philadelphia），英文简称为Philly（菲利）。该词由两个希腊单词组成，"philos"意为"爱"，"adelphos"意为"兄弟"，所以费城也被称为"兄弟之爱之城"。

费城的秋天十分漂亮。满树金灿灿、红彤彤的树叶把费城装扮得绚丽多彩。一眨眼，璐璐进入幼儿园已经一个多月了。2000年10月19日，秋高气爽，阳光灿烂，是个美丽的日子。这一天，璐璐第一次参加幼儿园的外出活动。参加活动的是4～5岁组的孩子，20多人，目的地是费城艺术博物馆。费城艺术博物馆号称"美国第三大艺术博物馆"，位于费城市区西北26街和富兰克林公园大道交叉处，是一幢古希腊神庙式建筑。馆内收藏的艺术品达30多万件，其中以法国印象派作品最著名。馆内有20多个展厅，展出各种艺术品，其中包括著名油画家梵高的《向日葵》、毕加索的《三个音乐师》、雷诺阿的《沐浴者》。博物馆内还收藏着中国、日本的水墨画、雕刻、陶瓷品、家具等各种艺术品，美国本土的各种艺术品也有很多。幼儿园欢迎家长参加博物馆之行。据说幼儿园的多数活动，都会鼓励家长一同参加。这一天我专门请了假，和一些家长随行参加这次活动。

出发前，我和璐璐的爸爸都纳闷过：这么小的孩子懂得欣赏艺术品吗？到这么大的艺术博物馆参观是不是有点儿浪费？这里的幼儿园老师是怎么想的？早上9点15分，我们分乘旅游车出发，孩子们按两人一组排队。上车不一会儿，老师便交给我一个任务，让我照顾璐璐和同组的小朋友凯西。"真是个好主意。"我心里想，"让家长参加幼儿园活动，不仅能让家长了解孩子，也能减轻老师的负担。"

孩子们兴高采烈，在汽车里开玩笑、游戏、唱歌，不到一个小时，10点多我们便到了艺术博物馆。不出所料，博物馆规模很大，我们被分成每3～5个孩子和2～3个家长组成的小组，每个小组有一位专门的博物馆解说员陪同。"解说员？"我心里纳闷，"会不会是'对牛弹琴'？"只见解说员把我们带到各个展厅，她并不解说作品，更不评论画家，而是引导孩子们观察并讨论画中的各种形状，如点、直线、曲线、正方形、长方形、圆形、菱形等，还有各种颜色，如红色、蓝色、黄色等。一个小时下来，孩子们基本认识了各种形状和各种颜色，这大大拓宽了孩子们的眼界。解说员没有使用"高大上"的专业词语，没有"吓跑"孩子们的想象力。她只让孩子们明白他们生活在一个伟大的城市里，这里有世界闻名的艺术博物馆。更重要的是，孩子们明白艺术作品并不是只能挂在墙上、高高在上且让人望而却步的东西，而是由各种各样的形状和各种各样的颜色组成的作品。参观完毕后,我们被带到了一个活动室。活动室内有各种材料,如纸、笔、水彩颜料等。老师告诉孩子们:"刚才你们看到的艺术品,都是用这些材料做成的。你们也可以用这些材料创作出自己的作品。"孩子们一下子忙开了,取了各种材料,各自开始创作,剪、印、贴、画、涂。不到半个小时,孩子们便用各种各样的形状和颜色完成了各种各样的作品。老实说,多数作品都没有固定的造型,但是,我惊叹于作品的"千姿百态",还有"画蛇添足"的创意。家长们都由衷地、异口同声地夸奖:作品太棒了,了不起的艺术家!于是每个孩子都成了"伟大的艺术家"。孩子们个个得意扬扬,兴高采烈地把自己的作品带回家,留作纪念或者作为礼物送给他们喜欢的人。

"这样的教育方式不错。"我彻底信服了。在这样一个普通的幼儿园活动中,孩子们度过了愉快的一天,了解了自己生活的城市,为自己生活的地方感到骄傲,为自己能生活在这样的地方感到自豪;同时,他们也得到了艺术启蒙,知道了每一件艺术品都是由最简单的东西组成的,他们也同样能够"创作"出属于自己的艺术品,他们都能够成为"伟大的艺术家"。

第一次参加这里的幼儿园活动,引起了我对教育的思考。这样的教育,大概就是孩子自信的源泉。因为孩子的自信,来自对自己生活的了解,来自大人和周围环境对他们的欣赏。**孩子最在意的,就是大人对他们的看法。一个从小经常得到关爱、夸奖的孩子,一定比一个经常受到批评、指责的孩子更乐观、更自信。**

我也意识到，**在教育孩子的过程中，资源没有所谓的太多或者太少，事情没有所谓的太好或者太坏，关键在于如何物尽其用**。我想说的是，并不是所有地方都有博物馆，特别是大博物馆。然而，相似的教育并不局限于博物馆。在百货商店、图书馆等许多地方，都可以学到颜色、形状之类的知识。并不是所有孩子都生活在大城市，而且每个小地方都有小地方自身特色的东西。**孩子从小就应该懂得欣赏和珍惜自己拥有的东西，并赋予其美好的内涵**。老实说，我小时候并没有什么自信心，也没有什么自尊心。从我生活的小城市（广东省揭阳市）到广州市上大学，我总觉得自己是从乡下来的，所见不多，知识不广，低人一等，做事时患得患失。直到我长大到了日本，才发现我的家乡实际上也闻名世界，许多日本人不仅知道潮州话，还知道潮州话和日语的发音有很多相似之处。比如，潮州话"烧酒"的发音就和日语"烧酒"的发音几乎一模一样。潮州美食更是闻名世界，国内外很多人都特别爱吃潮州菜。我只不过从小缺少了解自己家乡的教育，身在福中不知福。

至于参观博物馆，实际上也不算太难，现在不管在哪个地方，都有大大小小不同的博物馆，内容包罗万象，只要家长愿意花几个小时的时间陪着孩子在这些艺术品中转一转，无须太多专业知识，孩子就能得到最初的艺术教育，获得美的体验。接受博物馆、美术馆的熏陶对孩子成长的益处也是不可估量的。孩子可以从这些地方看到古人或者别的地方的人如何生活，从而得以知道自己认知之外的世界。他们可以看到同样的东西在不同时代与画笔下，有如此不同的呈现方式，从而拓展他们的人生体验。**对美的感知能力不是与生俱来的。孩子需要大人的引导，从小得到正确的培养**。听一场音乐会、看一场画展，不需要太多时间和金钱，却可以给孩子带来艺术启蒙，也能增进父母与孩子之间的感情，何乐而不为？同时，我们不应该吝惜对孩子的赞赏，因为这对他们而言是重要的鼓励。

艺术教育包括表演、音乐、绘画等，它是人类在生活中发现、创造与增长知识的手段。幼儿时期的孩子，正处于知识急剧增长和积累的时期，他们对周围事物充满好奇心，积极认识周围环境，并开始用触觉、视觉和听觉来感知世界。我知道，现在有许多图书、儿歌都是专门为孩子准备的，许多针对孩子的艺术教育在上小学之前就开始了。将艺术活动与幼儿园生活相结合，不仅能够陶冶孩子的艺术情操，激发他们的创造性和求知欲，也能够让孩子在亲自动手操作中发现美、创造美。

艺术教育，不一定要十分重视技法，可以注重孩子的艺术修养和应用，和日常生活紧密结合。具体地说，就是可以把艺术当作一种方法，培养孩子如何运用艺术去发现自我，表达自己，表达他们对生活的认知。

哲学家柏拉图给家长的一个建议就是：**对于幼年时期的孩子，应该侧重于艺术和体育的教育**。因此，学前儿童的艺术和体育教育既不应该是"天才教育"，也不应该是"兴趣教育"，而应该是"通才教育"，是日常的活动。这些活动的目的是提高孩子的艺术审美素养，打造强健的身体。

相信童话故事：
激发想象力和创造力

　　看似无稽幼稚的玩乐，对于丰富孩子的想象力和创造力却有着不可低估的作用。

　　不要以大人的自以为是嘲笑孩子的无知，不要以大人的成熟想法轻视孩子的幼稚思维。

"掉牙了，真好！"伴着璐璐的欢叫，一颗带血的小牙齿出现在我们面前。而璐璐也变了个样子——"小无牙"更可爱。

"我可以许愿了。"璐璐兴奋不已。记得小时候，我是特别害怕掉牙的，血淋淋的，很恐怖。我还清楚地记得拔牙的苦痛。到了日本，大女儿旻旻在幼儿园倒是特别盼望掉牙，因为她常看到大班的小朋友掉牙。小朋友说：掉了牙，许个愿，下牙往上抛，上牙往下摔，愿望就会实现。旻旻已经9岁了，掉过好几颗牙，也许过很多次愿，虽然并不见得每个愿望都能实现，但她依旧乐此不疲。璐璐才5岁，能为这样的小事而兴奋也是正常的。**童话故事能让小朋友充满希望，帮助小朋友忘记成长中不愉快的经历，让生活更快乐。**

美国有"牙仙女"之说，好多孩子都相信"牙仙女"的存在。据说把掉下来的牙藏到枕头下，晚上牙仙女就会来把牙取走，并留下一些零钱或者小礼物。璐璐掉了牙，她聪明地"东西结合"，学日本孩子许了愿，然后把牙藏到她的钱柜里。晚上旻旻悄悄地把璐璐的牙取走，并放进一些零钱。第二天璐璐起床，发现小牙不见了，而钱柜里的钱的确变多了，她高兴得不得了。然而，高兴之余，她发现了"漏洞"：我许的愿并不是要钱，牙仙女只会给钱吗？

孩子的思考能力就是这样在无意中开始提升的。所以，不要以大人的自以为是嘲笑孩子的无知，更不要以大人的视角轻视孩子的幼稚思维，不要笑话孩子的任何行为。

据说美国10多岁的孩子都还相信"圣诞老人"的存在。我记得有一则新闻，某学校一位三年级的老师告诉学生现实生活中并没有真的圣诞老人，这让学生极度伤心。许多家长向学校抗议，说这位老师不该毁灭孩子纯真的梦想，结果这位老师被学校开除了。许多人认为，每个孩子的适应能力不同，现实生活应该让孩子自己一步一步去发掘，按自己的能力一步一步去接受。这大概就是教育应该具有的"个性化"，而不是"标准化"。

圣诞节之外，美国孩子喜欢的另一个节日是万圣节，即中国人所称的西方的"鬼节"。万圣节源于基督诞生前的古西欧国家（主要包括爱尔兰、苏格兰和威尔士）。实际上，在天主教会中，11月1日是诸圣节。我所在的学校美国圣约翰大学，就是一所天主教大学，每年的11月1日，学校都会放假以庆祝这个节日。传说死去的亲人的灵魂会在万圣节的前一夜造访人世。在这一天，人们应该让造访的灵魂看到丰富的收成，并热情地款待他们。万圣节流传到今天，已经完全没有宗教迷信色彩，灵魂找替身返世的说法也渐渐被摒弃和忘却。象征万圣节的形象,如巫婆、黑猫等,大都变得友善、可爱和滑稽;鬼脸南瓜灯、白网黑蜘蛛等节日的装饰,大部分也已经没有骇人的鬼魅色彩。

每年的10月31日,是"万圣节之夜"。这一天晚上,美国的各大城市,特别是纽约市,大街上四处可见精彩的现场表演和游行队伍。那些逼真的丧尸和鬼魂,虽然看似恐怖,却也刺激,趣味无穷。在居民区,多数家庭门口都有万圣节的装饰。夜幕降临,孩子们甚至大人们便迫不及待地穿上各种各样的化装服,戴上千奇百怪的面具,提上一盏"杰克灯"(南瓜灯),挨家挨户讨要糖果。孩子们情绪高涨地喊着"给糖吃,不然就捣蛋",别具一番情调。大多数人家通常会准备各种各样的糖果款待这些小客人。他们会让孩子们自己挑选糖果,或者把糖果放进孩子们随身携带的南瓜篮子或者大口袋里。

万圣节这一天是人们纵情玩乐的好时候。它在孩子们眼中,是一个充满神秘色彩的节日。在幼儿园和小学里,万圣节是在每年10月开始庆祝的。孩子们会制作万圣节的装饰品,如各种各样橘红色的南瓜灯。幼儿园和小学,甚至一些机关团体都会举行派对和化装服游行。

我也喜欢万圣节。到美国第一年的万圣节,璐璐才5岁,我跟着璐璐和她的小伙伴一起出去讨糖。璐璐和几个小伙伴走在前面,挨家挨户,边玩边讨糖,我们大人走在后面,边走边聊天。孩子们很开心,我们也很开心。孩子们到每个人家都能够讨到许多糖果。走完2个多小时的路,孩子们都说不累,不想回家。讨糖结束后，他们带着糖果到我家集合，数数谁的"战利品"最多，并交换各自喜欢的糖果。他们为自己的劳动收获感到自豪。这些糖果，通常足够璐璐享用半年。

万圣节成了璐璐最喜欢的节日之一，每年她都要和小伙伴一起去讨糖，我们从不反对。璐璐小时候，我们会把她打扮成"白雪公主"，扮成拿着魔杖的巫女，扮成医生、护士等。等她再大一点儿，我们鼓励她自己制作化装服。她和小伙伴在黑色大塑料袋（垃圾袋）的顶端剪个大孔，把头套进去，在腰部绑一条彩带，或者用彩纸、床单等做成奇装异服，然后拿枕头套当作装糖果的大口袋……实际上，万圣节的化装服和道具经常是人们把想象力和创造力发挥到极致的结晶。

这些看似无稽、幼稚的玩乐，对丰富孩子的想象力和创造力却有着不可低估的作用。也许在一些家长看来，让孩子生活在童话故事里是不现实的，但我不这么认为。我们家的孩子从小喜欢看的就是童话、传说、科幻等非现实类图书。也许在别人看来，他们的想法里多了许多天真，但我并不认为这是坏事。相比之下，太现实的东西，孩子们也不见得能理解，能接受。我觉得，孩子们幼小纯真的心灵在有些时候并不能完全接受大人世界的观念，为什么不让孩子们相信生活是美好的，让他们从小有一颗善与美的心，让他们学会爱我们这个社会，让他们单纯并快乐地度过人生中这个再也不会重复的童年呢？而对于我们大人，这些童话一样的节日，又何尝不是一种在忙碌的生活里寻找童真、放松自己的好机会呢？

坦白说，我自己也喜欢童话故事，特别是那些迪士尼故事。我不止一次带着孩子们去迪士尼乐园游玩，自己也趁机进入"睡公主城堡"，亲临"爱丽丝奇境"，穿越"非洲大草原"，探索"魔幻影城"和"神秘森林"。2011年夏天，我的小妹带着12岁的外甥女从中国到美国来游玩时，我又抓住机会领着全家和她们走向刚刚开放的"哈利·波特的魔法世界"，跟着那辆冒着青烟的蒸汽车奔向奇幻的主题公园，在"三根扫帚酒吧"享受早餐，在"鹰头马身有翼兽的飞行"中像哈利·波特一样"飞"起来，圆了"飞天"之愿。我们接受"龙的挑战"，完成了"哈利·波特禁忌之旅"。明知那是一个虚幻的世界，大家却都乐在其中，并且感叹当下科学技术的发达。我同时做起科技攻克癌症的白日梦。谁知道孩子们又有着什么样的梦想呢？

我记得我们小时候也有这样快乐的日子。过年了，听老人们讲"年"的故事，一大早就起床穿新衣，放鞭炮；端午节听着屈原的故事吃粽子；七夕节有牛郎织女的故事；中秋节有后羿射日、嫦娥奔月的故事……除了这些节日故事，还有女娲补天、精卫填海、田螺姑娘、愚公移山等各种各样的神话或童话故事。正是这些故事让我们在懵懵懂懂中有了梦想，知晓了为人处世的道理，以及努力奋斗的重要性。长大了，我也喜欢读《西游记》《聊斋志异》等带有玄幻色彩的小说。可见，不管是东方还是西方，神话或童话故事都是孩子们成长过程中不可缺少的一部分。

而在现代的科技发明及创造中，很多也是人们想象力的结晶。比如我在上医学院的时候听过听诊器被发明出来的故事。在听诊器被发明之前，医生如果想要听患者的心跳声或者呼吸声，需要直接把耳朵贴到患者的身体上。19世纪初，法国临床医生雷奈克在散步时，看见几个孩子正在一堆木头上玩耍。一个孩子用一根钉子敲击木头的一端，其他几个孩子轮番用耳朵贴在另一端上听。木头很长，而那些用耳朵贴着木头听的孩子高兴地说："听见了！"雷奈克也俯下身子去听，果然钉子的敲击声听得很清楚。他想：能不能用这个方法听清患者的心跳声和呼吸声呢？由此，雷奈克发明了木质听诊器。那是一根中空的木管，他将这根木管贴在患者的胸膛上，将耳朵贴在木管的另一端。木管中清楚地传来心脏的跳动声和肺的呼吸声。所以，最早的听诊器的发明，就是想象力和玩耍的结果。

科幻小说《2001太空漫游》的作者阿瑟·克拉克曾说，**任何足够先进的科技，都来源于想象**。没有想象力和创造力，就没有今天的飞机、电话以及网络。中国人并不缺乏想象力。中国古代的科技水平曾经远远走在世界前列，中医就是想象力与经验相结合的杰作。"天人合一""水、火、木、金、土"等概念，就是我们祖先的奇思妙想，因为几千年前人们既不明白天，也不了解人。

想象力是指人在已有形象的基础上，在头脑中创造出新形象的能力。想象力通常是"无中生有"。想象力起源于细胞的无规则运动，它是右脑皮质的主要功能，属于最高级的思维。想象力开始形成于幼儿期，因此幼儿期是孩子想象力最丰富的时期。大家知道，孩子都有特别的天真和灵性，与大人相比，他们没有受到太多传统观念的束缚，因此更容易释放想象力。他们有一种特殊的思考方式，都是天生的幻想家。每个孩子的心中，都有一个自己创造出来的世界。我们应该抓住这个时期，对孩子的想象力进行培养，帮助孩子开发想象力。至于如何培养孩子的想象力和创造力，古今中外的事例证实，凡是创造力和想象力丰富的孩子，大都有强烈的好奇心，有热情的学习愿望，也有顽强的意志力，所以我们要保护和发展孩子的这些特点。

当然，知识是想象力的基础。我们要引导孩子努力学习科学文化知识，发展空间想象能力，还要引导孩子学会观察，获得感性经验，学会思考，打开想象的大门。更重要的是实践，让孩子动手动脑。上面提到的绘画及其他艺术，无疑是发展想象力的一个好方法。孩子只有具备独特的想象力和创造力，才能紧跟时代发展的潮流一路向前。不管孩子长大后从事何种具有创造性的职业，比如作家、科学家、哲学家、设计师等，他们都需要具备想象力和创造力，才能创造出举世无双的杰作。

瑞士心理学家卡尔·古斯塔夫·荣格说，**创造力和想象力不是来自智力，而是来自内在需要的游戏本能**。创造性头脑喜欢与它所钟爱的对象玩耍，这也进一步说明玩的重要性。

办一场生日派对：
组织领导能力的启蒙

让孩子独立完成一件件事情。在做事情的过程中，从选择目标，制订计划，到最后的成功或者失败，孩子的创造力和领导力等素质都会得到培养及体现。

到了美国，让我大开眼界的一件事情是孩子的生日派对。璐璐入幼儿园不到2个月，便收到一封来自班里小朋友的生日派对邀请函。那是一张精美的小卡片，通过邮局寄到家里。小卡片上清楚地写着时间和地点。让我感到意外的是：地点是一个体操馆。我询问周围的同事、朋友后才敢确认，没错，是体操馆。美国孩子的生日派对千奇百怪，不管在什么地方，做什么事情，都不必大惊小怪。这里的人强调的是有特色，有创意。

从此之后，我们再也不会因为收到各种各样的邀请函而感到奇怪。生日派对的地点，有博物馆、农场、公园、游泳池、滑冰场……孩子能去的地方，都有开生日派对的服务。其实这些服务不难实现，消费也不高。比如体操馆生日派对，只不过是有一个专业人员带着孩子们跳体操，然后吃蛋糕、小寿星打开生日礼物等，一般两小时左右就结束了。我最喜欢的是一个在昆虫博物馆举行的生日派对。那天旻旻和璐璐认识了很多昆虫，还学习了很多关于昆虫的小常识。当然，开生日派对最多的地方是小寿星的家里。在家里游泳，在家里过夜、做比萨、看家庭电影、玩游戏，在家里做任何事情。

幼儿园小朋友的生日派对，多数是邀请全班同学参加，不过一般只有一半左右的同学参加。到了小学，情况便不一样了，一般只邀请小寿星自己喜欢的朋友。在旻旻和璐璐参加好几个小朋友的生日派对之后，我们发现，每个派对都很不一样，各有千秋。

旻旻和璐璐的生日快到了，她们也想开生日派对。她们的生日只相差4天，所以她们姐妹俩每年的生日都在一起庆祝。在日本，孩子的生日派对相对简单，一般是提早1～2个星期打电话或者口头邀请小朋友，在家里吃个午饭或晚饭，再加上生日蛋糕、找礼物、拆礼物等活动。相比之下，美国的生日派对更丰富多彩，程序也更复杂。我有点儿嫌麻烦。不过，旻旻和璐璐说她们会帮忙，尽管通常她们越帮我越忙，但是为了不辜负她们的满腔热情，我还是同意了。

我认为，作为父母，我们需要呵护孩子的自主意识和独立性，需要满足孩子的合理要求，鼓励独立思考，在孩子的事情上不能大包大揽。尽管"让孩子自己做事"比"替孩子做事"更困难，但我们也需要让孩子学习做事，学习解决问题，让他们有锻炼和成长的机会。

生日派对得提早1～2个月开始准备。既然别人给我们发邀请函，我们也应该给别人寄邀请函，入乡随俗嘛！首先，确定派对地点在家里，规模不超过10人。因为那时我们租住的公寓不大，所以她们姐妹俩各自邀请的人不得超过5人。派对是她们的，她们是主角。我们带她们购物，她们情绪高涨，选择邀请卡、派对用的纸盘、餐巾、台布、气球及其他小东西。回到家里，她们认真地写邀请函。她们的第一个派对，是"国际和服派对"。参加派对的小朋友，有中国的、美国的、南斯拉夫的、斯里兰卡的。我们给每个女孩子穿上从日本带来的和服，给她们拍照留念。派对结束后，旻旻和璐璐还给小朋友写感谢信。从小学到中学，她们每年都要参加许多个派对，每年都要举行自己的派对。2002年，我们买了一栋大独立屋，她们可以邀请更多朋友到家里开派对。我们在家里开过游泳派对、过夜派对、比萨派对、饺子派对和寿司派对等。

让孩子们参加派对，让孩子们举行派对，我们本来只想让她们高兴，现在回想起来，实际上也有很大好处。派对，实际上就是一种社交活动。参加派对，锻炼了她们的沟通交流能力；举办派对，锻炼了她们的组织能力。

组织一个生日派对，首先要决定在哪儿办、怎么办，其次要决定想邀请谁、如何邀请。把想邀请的人都请到，也需要沟通技巧。当把所有的孩子邀请到时，做什么活动、如何活动、如何让每个人都高兴，也需要孩子们动脑筋。刚开始时，我们帮孩子们出主意、组织安排，后来逐渐完全由她们自己决定了。从广义上讲，组织能力不就是领导能力吗？领导能力不就是号召、组织和管理的能力吗？别以为，孩子要当班干部才能锻炼领导能力。其实，组织一个派对或者一个活动，你的孩子就能成为领导。具有领导能力不一定能让孩子成为领导，但一定会成就孩子的人生。旻旻和璐璐上中学后都担任过多个不同的领导职位，我想这一部分也可以归功于她们从小参加和举行派对所练就的沟通能力及组织能力。

表达能力也是孩子教育的一个重要部分。思辨与表达，是美国教育的精髓。在美国，从小学开始，老师就给孩子很多表达自己的机会，让他们介绍自己，谈自己的经历，对某个问题发表自己的意见和看法，或者跟别人辩论。不管孩子长大了干什么，如果想把自己的做法、想法、理念等信息传递给别人，都离不开表达能力。**表达能力是每个人日常都会用到的一项技能，它的使用涉及日常生活的方方面面。如果孩子没有办法准确地表达自己，就不能让别人领会自己的意思，也就没有办法做成自己想做的事情。**实际上，表达能力在很大程度上能够决定一个人的发展潜力。所以，表达能力和组织领导能力都是非常重要的软实力，而这些素养不是一朝一夕就能够养成的。

那么如何培养孩子的表达能力和组织领导能力呢？在学校、在班级担任一名小干部是常见的机会。但是我相信途径会有很多，只要我们留心，都可以找到适合自己孩子的有效方法。在家里，家长可以鼓励孩子大胆说出自己的想法，提出对家庭的建议，安排家里的周末活动，组织家庭聚会，等等。简单地说，就是尽量让孩子独立完成一件件事情，让孩子告诉我们为什么要做这件事情、如何做，等等。完整的一件事情，从选择目标，制订计划，寻找资源，解决问题，到最后的失败或者成功，在这个过程中，孩子的创造力、领导力、激情等素质都会得到培养和体现。人的一生本来就是做一件件事情的过程。让孩子从小接受独立做事情的历练,会让他们受益终身。

05

升学的抉择：
深入了解孩子

　　了解孩子是一门艺术。作为家长，我们有义务去发现孩子身上的每一个闪光点，去发掘他们的潜能，从而引导他们往更好的方向发展。只有深入了解孩子，才能为孩子做出正确的选择。

前面提到过，最开始我认为，相比于敬业和细心的日本幼儿园老师，璐璐美国幼儿园的老师好像什么都不管。慢慢地，我发现这样的评价并不公平。和他们相处时间长了之后，我发现他们很了解每一个孩子。他们注重仔细观察每一个孩子的特点、兴趣与爱好，认真评估每一个孩子。璐璐在美国幼儿园的经历，让我很佩服其幼儿园老师。他们是真正的伯乐，懂得挖掘孩子的潜能，并为孩子提供适合其个人发展的条件，帮助孩子最大限度地发挥自己的天赋。我相信，了解孩子是一门艺术。

我们很幸运，璐璐就读的是我们所在机构福克斯切斯癌症中心下属的幼儿园。这是一所很好的幼儿园。幼儿园的老师，都是富有经验、热爱孩子的教育工作者。幼儿园的学生，基本上都是医生、研究员及其他员工的孩子。幼儿园不大，人数不多。因为人数少，这所幼儿园的幼儿班和学前班混合成一个班。学年快结束的时候，也就是2001年5月，璐璐的幼儿园老师开始做学年总结报告。家长可以约见老师，听取老师对孩子的评价与建议。于是我约见了璐璐的班主任麦禔希琪诗女士。

麦褆希琪诗女士对璐璐的评价很高，并认为她完全有能力上小学一年级（按一般规定，1995年9月1日以前出生的孩子才可以在2001年9月上一年级，而璐璐的出生时间比规定的时间迟20多天，她只能上学前班）。对于老师对璐璐的评价，我很高兴。然而，我也明白璐璐的英文还不是十分流利，她也没有单独阅读过任何英文图书，所以我们从来没想过要让璐璐提早上小学。我们想了几天，认为老师既然这么说，那一定有她的道理。由于我们到美国生活还不到一年，对孩子入学的事情一点儿也不了解，于是我又约见了老师，向老师讨教入学程序，并得到详尽的解答。

我带着幼儿园老师的评语，到我们所在的校区福克斯切斯小学咨询，得到的答复是：如果幼儿园的老师能提供推荐信，说明璐璐参加过一年以上的学前班活动，而且她能通过心理学测试，便可以上一年级。幸运的是，璐璐的班级就是幼儿班与学前班的混合班。据老师说，璐璐虽然属于幼儿班（不满5岁），但是她经常和学前班的孩子一起玩，参加了学前班的学习与活动。我请求璐璐的老师写封推荐信，老师爽快地答应了，并告诉我，她会好好写，详细说明璐璐参加学前班活动的情况。她在推荐信中肯定了璐璐的聪明，提了她自己的建议，认为璐璐很成熟，继续上学前班会让她感到无聊、浪费时间，学校应该同意璐璐上一年级。小学老师读了推荐信，让我填了璐璐跨年级学习的申请表，并说我们会很快收到让璐璐参加考试的通知。

自从5月向福克斯切斯小学递交璐璐提前入学的申请后，我们一直在等待学校的回复，可惜杳无音信。6~8月学校放暑假，无法查询这件事情。待到8月底，学校老师开始返校，我们立即打电话询问。校方的回答是该事应该由学校的教务处主任祝芭科太太处理，而她要到9月4日才开始上班，学校于9月6日正式开学。

我认为我们不能在电话里浪费时间。于是到了9月4日，我便直接把璐璐带到学校，找到祝芭科太太，向她说明来意。美国人做事习惯预约，如果没有预约，他们可以把你拒于门外。还好，她没有让我们吃"闭门羹"，但是对于我们这两位"不速之客"，她自然不会给好脸色。我只好向她道歉，很诚恳地说明璐璐希望跨过学前班直接上一年级，这是幼儿园老师的建议，而不是我们的主意（因为她说做父母的总认为自己的孩子聪明）。她不情愿地带我们见了校长库普尔太太。库普尔太太淡淡地对我说，他们需要对璐璐进行心理测试，看看她的身心是否足够成熟，让考试结果决定一切。我没有理由反对，因为这是负责任的态度，如果孩子的身心真的还不够成熟，坚持让她上一年级，反而会给她带来太大的压力。

我们约好在9月7日早上9点会见学校的心理学专家，也就是持有心理测试专业执照的老师。一到学校，我便被拒于屋外，只有璐璐一个人被心理学专家带进一个房间。她在房间里进行了整整一个小时的心理测验。我在屋外坐立不安："她还这么小，没有什么准备，会不会被吓着？"

一个小时后,门打开了,璐璐乐呵呵地走了出来。我的第一句问话是:"害不害怕?"她说:"没什么害怕的。""老师的问题你都能回答吗?""不知道。"我问心理学专家:"璐璐的表现好吗?测验结果如何?"对方的回答是:"无可奉告。我必须先和校长讨论一下,然后还要呈报区教育局。请回家等待结果。"

"没有结果便不是好结果。"我心里挺不爽。正好同一天的11点半是我和学前班老师见面会谈的时间,我问校方我是否需要和学前班老师会谈(如果璐璐能上一年级便不需要了)。得到的回答是:"需要,因为她有可能不可以上一年级。"我非常失望。我带璐璐按时见了学前班老师。会谈结束后,我们突然接到电话,说校长想见我们。

我们见了校长。校长说:"心理测验结果表明璐璐足够成熟,上一年级应该没有问题。但呈报区教育局的结果是,璐璐没有上过正式的学前班,不符合入学要求。"我争辩说:"就是因为她不够年龄,我们才需要做这些努力;如果她够年龄,你们也就不需要考虑她是否身心成熟了。"校长说:"请听我把话说完。我们不能违反上级的规定,但我们的确觉得璐璐很聪明,我们会把孩子安排到最适合她能力发展的地方。对于这件事情,我想由本校教育委员会讨论决定,到时请你参加这个讨论会。我的建议是,按规定登记璐璐入学前班,等讨论会结束再做适当调整。"

我心有不甘,但是也无计可施。别人这么安排也是合情合理的。我只好给璐璐报名入学前班。9月9日,我参加了学校教育委员会会议。学校校长、老师及几位委员都参加了。我向与会者介绍璐璐的经历、在家的活动、幼儿园老师对璐璐的评价等，心理学专家对璐璐的心理测验结果做了解释。通过讨论，大家一致同意璐璐参加一年级的学习与活动。2001年9月10日，璐璐高高兴兴地走入福克斯切斯小学一年级的教室，成了班里最小的学生。

我们对这个结果很满意。如果璐璐不能通过心理测验，说明她的确太小，我们只能心服口服，让她上学前班。既然她有能力向前迈进，我们就不能埋没她的天赋，应该让她得到适合她发展的教育，帮助她发挥潜力。我们很感激幼儿园的老师，对福克斯切斯小学校长、老师公正、认真、负责的态度也很满意。

实际上，我们从来没有认为璐璐是个天才。她就是一个普通的孩子，和其他孩子一样，她常常闹笑话，犯错误。5岁的璐璐，随着英语水平的提升，日语和中文水平便每况愈下。讲日语时，她常把"一只老鼠"说成"一个老鼠"，把"一个人"说成"一匹人"。她讲中文时常缺动词，幸好她懂得一个万能动词"搞"，所以每天总离不开"搞"：搞衣服（穿衣服）、搞饭（添饭）、搞棋（下棋）……时常让人笑破肚皮。长大后学习中文时，她还会把"垃圾"翻译成"pull chicken"（拉鸡），把"争气"翻译成"steam"（蒸汽）……我们真的很感激幼儿园的老师，没有他们的细心观察和正确评估，我们就不会意识到璐璐有这个能力。我们也庆幸自己为璐璐抓住了这个机会，让她得到匹配她能力发展的教育。我不认为这种"伯乐相马"的任务只存在于老师身上。作为家长，我们有义务去发现孩子身上的每一个闪光点，去发掘他们的潜能，从而引导他们往更好的方向发展。只有深入了解孩子，才能为孩子做出正确抉择。

爱上阅读:
为孩子插上遨游世界的翅膀

孩子天生充满对世界的好奇心和求知欲,只要我们善于引导,读书对孩子来说就不会是一种负担,而是一种乐趣。

开卷总会有益。孩子读什么书都没有关系。让孩子感觉到阅读是一件有趣的事情,孩子就会自主自觉地阅读。

孩子有了爱阅读的习惯,就好比有了自己的翅膀,有了自己的天空和海洋。

璐璐虽然有点儿害羞，但是一个活泼乐观的小女孩。进了小学一年级，她每天都很开心。她还小，很天真，不懂所谓的压力。在这里，父母希望孩子觉得上学是一件好玩的开心的事情。每天早上，父母送孩子上学，告别时总会说："宝贝，玩得开心。"下午接孩子回家，必问："你今天在学校开心吗？"每天，我们总是看到开开心心的孩子。虽然璐璐的英语还不够流利，需要上英语强化课程，但这似乎不影响她每天高高兴兴地上学。不流利的英文，并不妨碍她和老师、同学交流。每天，她在常规班学习英语和数学，然后到英语强化班强化英语，特别是听力和口语。我们都松了一口气，觉得之前担心她跟不上课程的想法是多余的。

然而，好景不长。一个月刚过去，第一次阅读摸底小测验，璐璐当了"白卷英雄"。她的班主任老师佩萨太太约见了我。在这里，只有孩子在学校出了事、闯了祸、表现不好或者需要家长帮助的时候，老师才会正式约见家长。佩萨太太说，璐璐的阅读能力只有学前班水平，而且她不懂得回答问题。虽然老师并没有要求我们做什么,她只是告诉我们这个事实,并表示她会帮助璐璐。但是,我可以感受到老师对璐璐的失望和"客气"的抱怨。

我同意老师对璐璐的评价,本来她应该上学前班。这一次阅读摸底小测验让我们意识到,璐璐还是有点儿小,她需要我们的帮助。然而,我们不知道该怎样帮她。最让我感到意外和失望的是,学校没有固定教材,学生不能带课本回家。我们没法帮她复习和预习功课。璐璐每天几乎没有什么作业,除了写几个单词,她基本可以自己完成。

我想,幼儿园与小学的区别在于后者需要自己读懂简单的图书。于是每个周末,我们都带璐璐上图书馆,借来各种各样的图书,让她自己阅读或陪她一起阅读。一开始,璐璐并不喜欢自己阅读。不过,她喜欢我们读给她听,特别是苏斯博士的系列图书,比如《绿鸡蛋和火腿》《戴帽子的猫》《一条鱼,两条鱼,红的鱼,蓝的鱼》等,她会听得津津有味。后来,我才发现,这些图书的词汇量实际属于幼儿园水平。人们告诉我,这里幼儿园的孩子每天都在玩。实际上这并不完全正确,幼儿园老师每天都会以讲故事的形式给孩子读1~2本书。

我发现,璐璐不喜欢自己阅读是因为她读不懂,她其实喜欢图书里有趣的故事、五颜六色的插图,所以我们坚持和她一起阅读。慢慢地,随着词汇量的增加以及阅读能力的提高,她便不再像一开始那样抗拒看书了。有一天,老师高兴地告诉我,璐璐自己到图书角去看书了——这是我们花了大半年时间陪她看书以后发生的事情。可见，璐璐的阅读兴趣并不是与生俱来的。阅读兴趣是可以后天养成的，是可以从小培养的。

我们意外地发现，璐璐开始主动看书之后，很快就喜欢上各类图书，这大概就是古人说的"书中自有黄金屋，书中自有颜如玉"。**其实，孩子天生充满对世界的好奇心和求知欲，只要我们善于引导，读书对孩子来说就不会是一种负担，而是一种乐趣。每天学到新东西，这对孩子来说就是很开心的事情。**璐璐可能从书本里获得了愉悦感，这种愉悦感成了于她而言宝贵的正向激励。她会主动要求去图书馆。到了图书馆，她就会挑选自己喜欢的图书。璐璐在学校学习进步很快，第一学年结束时，璐璐的英文和数学测验成绩都得了100分。之后，她的成绩在班里总是名列前茅。

从生理学的视角来看，阅读能够增强大脑神经的可塑性，强化神经元之间的联系，提升孩子的智力。我相信阅读对孩子的智力和学习能力都有很大的影响。乌克兰卓越的教育家、思想家和作家瓦·阿·苏霍姆林斯基说过，学生的智力发展取决于良好的阅读能力。璐璐学习其实很轻松，没有花很多时间做作业，却能一直保持好成绩，大概是看书多、理解力强的结果。

那么，看什么书好呢？其实，对于孩子来说，看什么书都无所谓。英国文艺复兴时期散文家、哲学家弗兰西斯·培根说："读史使人明智，读诗使人灵秀，数学使人周密，科学使人深刻，伦理学使人庄重，逻辑修辞文学使人善辩。凡有所学，皆成性格。"

璐璐都看了些什么书呢？其实璐璐看的书很繁杂。一开始，她喜欢那些天马行空的童话故事、神话故事。越离奇、越不合现实的故事，她就越喜欢。后来她喜欢看各种各样的小说，特别是科幻小说。随着年龄的增长，她也看一些传记、历史等。至于我给她推荐的名著，她大多都不喜欢，大概是因为那些书和她的阅读能力不匹配，超出她能够接受的范围，她看不懂，自然就欣赏不了。不过，她上初中和高中之后，不少名著都被列入学校指定的阅读书目，所以她也看了一些以前不爱看的名著。

开卷总会有益。只要孩子喜欢看书，看到一定数量，其阅读速度和理解能力都会有所提升。从书中所学到的东西，都会成为他们的知识或者智力储备。大多数图书，都是前人智慧的结晶。在孩子的阅读问题上，家长不必具体要求孩子看什么书。要尊重孩子的意愿，只要让孩子感觉到阅读是一件有趣的事，让孩子有阅读的习惯就可以了。如果能够在阅读中找到趣味、快感，孩子就会喜爱阅读，保持长久的阅读兴趣。而破坏孩子的阅读兴趣，就是在"扼杀"孩子。

常见的图书有两种——小说类和论述类。一部小说，一般是一系列经过巧妙构思、高度有序化的经历或者经验总结；而一本论述类图书，除了介绍经验之外，通常还包含一系列浅显通俗的理论。一个热爱阅读的孩子，会通过阅读提升自己，丰富自己的经验，面对新知识时也就更容易触类旁通，举一反三。因此，有阅读习惯的孩子，学习效率一般比较高。

在2020年比尔·盖茨推荐的阅读书单中，有一本2019年出版的书，名为《范围：为什么通才能在专业化的世界中取胜》。这本书的作者大卫·爱泼斯坦，曾是某新闻网站的调查记者和《体育画报》的资深作家，拥有环境科学和新闻学硕士学位。他的这本书和《体育基因》都登顶《纽约时报》的畅销书榜。大卫·爱泼斯坦在广泛研究了包括体育、艺术、科学、商业等多个领域的领军人物后发现，大多数成功人士都有一个兴趣广泛的童年。因此，广泛阅读对孩子应该也有很多好处。

记得有一次，有个朋友得意扬扬地宣称他学龄前的孩子认识很多英语单词，而他的方法就是制作一大堆英语单词卡片贴满家里。我告诉他，我有些担心，这样孤立地学习单词，对孩子没有意义。美国著名心理学家戴维·保罗·奥苏贝尔在教育心理学中提出"有意义学习"和"机械学习"相对立的概念。他的重要论断是"有意义的学习才是有价值的"。依据他的理论，学习无意义的音节和配对单词属于机械学习，这样的学习不可能与人的认知结构中已有的任何观念建立实质性联系。机械学习是低效或者无效的学习。学外语的人都知道，如果孤立地背单词，忘得很快，但如果把单词放到特定语境中学习，效果就非常好。很多在中国英语很差的孩子，到了欧美国家，英语水平常突飞猛进，这大概就是因为有了学习英语的大环境。所以，读外语书，到讲外语的环境去，才是学习外语的最好方式。而孤立地背单词，并不是有意义的学习。

阅读，可以帮助孩子发展语言系统，促进理解能力的发展。大量阅读的孩子，学习能力一般都很强。那些除了教科书什么也不阅读的孩子，他们在课堂上掌握的知识往往缺乏联系，理解也就相对浅薄。所以，即使学业繁忙，也要让孩子读一些课外书，正所谓"磨刀不误砍柴工"。阅读，可以提高孩子的表达能力和创作能力。广泛阅读的孩子，基本上是能说会写的。古人常说，"熟读唐诗三百首，不会吟诗也会吟""读万卷书，行万里路"。每个人的生活经历都是有限的，阅读和旅行是丰富孩子经历最有效的方法。**阅读是一个潜移默化的过程。每一本好书，都实实在在地影响着孩子的心灵，无声地挖掘着孩子的潜能。阅读所沉积而成的东西，将会组成人生系统运行的底层架构，成为发展个人事业的基础。**之所以让孩子阅读，不是说阅读将来一定会帮助孩子获得荣华富贵，但阅读一定会成为一个人人生的阶梯，会在无形中帮助孩子实现人生的目标。当孩子喜欢上阅读后，他就有了自己的翅膀，有了自己的天空和海洋，可以遨游浩瀚世界。

学习跳水：
孩子，你慢慢来

我们并不是生来就会做任何事情，懂得所有知识。每个人做事和学习的进度也有快有慢，过度催促只会打消孩子的学习热情，让他们厌恶所学的东西，即所谓的"揠苗无法助长"。

保护好孩子对做事情和学习的兴趣，让孩子树立自信。有了兴趣和自信，孩子就会有动力去把事情做好。

经过半年多的折腾，璐璐的学习基本走上正轨。除了学校的学习，对璐璐来说，起步最难而进步最快的应该是游泳和跳水。虽然璐璐从3岁起便参加日本幼儿园的游泳班，但是她除了会玩水，其他什么也不会。2002年，我们买了一栋带有游泳池的房子。所以，夏天每天少不了的事情就是在自家的游泳池里游泳。

初次下水，璐璐就是玩水。她喜欢玩水，还要我们陪她玩。我们要她学习游泳，她就在一旁玩水，不肯游。胆小的璐璐不敢把头潜进水里，身体也漂不上来。我们磨破嘴皮，想尽办法，让她学习游泳，她就是不肯学。2~3个星期过去了，她还是在一边玩水，不肯把头潜进水里。我对璐璐学习游泳的进度完全绝望，拿她没办法。没想到有一天，几位朋友带着孩子到家里来玩，璐璐跟着小朋友一起玩水。她们玩"马可·波罗游戏"，就是把头潜进水里，在水里憋气，看谁在水里憋气的时间最长。慢慢地，她把头潜进水里，开始把身体漂在水面上，游了几下。从此，我们开始鼓励她游泳，教她换气。没过几天，她就学会换气，能自己游泳了。紧接着，不到几天时间，她游泳的距离一下子变长了，于是她不再满足于停留在浅水区，大胆地游向深水区。在不到2个月的时间里，璐璐居然从害怕入水变成喜欢游泳，而且可以畅游在整个游泳池。璐璐的变化真是让我始料未及。

更有趣的莫过于看璐璐学跳水。璐璐看见姐姐跳水，也想跳，可是胆量不够。刚开始，她站在浅水区的边上，捏住鼻子，闭上眼睛，腿直发抖，最后还是不敢往下跳。后来我们硬把她拉下水。她既喜欢，又害怕，每次都是哆哆嗦嗦的，又一副大义凛然的模样，任由我们把她拉下水。过了很长一段时间，有一天，她在游泳池旁边徘徊了很久，终于鼓足勇气，捏紧鼻子，然后一鼓作气跳了下去。这下一发不可收拾，她的胆子越来越大，经常游着游着就跑到池边再跳下去，而且跳得特别高兴。后来她竟然自己跑到跳板上，想从跳板往下跳，可是跳板较高，水也深（2米多），她的双腿又开始发抖，好几次从跳板上逃下来。我下了结论：她不是跳水的料。因为不想打击璐璐的自尊心，我把溜到嘴边的话打住了，反正也不指望她学跳水（没想到，璐璐上了高中后，还自己报名参加学校的跳水队）。凡事都有第一次。有一天，璐璐终于从跳板上跳下水，可能她感觉到了跳板跳水非常好玩、刺激，之后每天都少不了跳水这一项目，她开心极了。

璐璐在申请大学的通用小作文（题目：请简单扩述你的一项课外活动或一段工作经历）里，写的就是跳水。她是这样写的：

> 我第一次从跳板上入水的时候，感觉就像一个苹果从树上掉下来。我充满恐惧地计算着物理指标，权衡风险，并怀疑这种下降运动的逻辑性。每一次跳水的高度、弹跳方式以及转身方式都会影响分数，越令人害怕的入水方式，越可以让人得到高的分数。在空中，我的所有烦恼、恐惧都随着肾上腺激素的分泌消散殆尽。起跳，努力向上延伸，我尽量让自己到达最高点，然后控制自己的身体以最好的姿态入水。入水时，我仿佛听到电视剧《绯闻女孩》的主人公在我耳边说："只要不怕往下掉，做任何事情你都可以成功。"跳水让我不再害怕生活中的失败，因为我已经习惯于从高处跃入水中，然后再次浮出水面。上跳、下沉，我知道我会再次浮上来。一次又一次的上跳、下沉，让我变得更优雅、更自信，又更充满能量。我崇敬牛顿和他创立的重力学理论。每一次跳水，我都尝试跳得更高。

她的这篇短文，得到很多好评。短短的几句话，也写出了一个风趣、活泼、可爱的璐璐。她有丰富的数学、物理、生物学知识。她热爱生活，享受每一次跳水。我更没有想到，她能够用跳水来打比喻。她有认真的生活态度，她总是努力向上，并一语双关地突出她能适应生活的沉浮，她是一个成熟的孩子。这些都是大学申请表里没有地方可以填写的东西。

不管是在国内还是国外，我见过不少家长在孩子学习不好或者没有做好某些事情的时候就打骂孩子。古人云，"养不教，父之过，教不严，师之惰"，但我对所谓"棍棒之下出才子"的说法并不认同。**我们并不是生来就会做任何事情，懂得所有知识。每个人做事和学习的进度也有快有慢，过度催促只会打消孩子的学习热情，让他们厌恶所学的东西。**

实际上，每个孩子都有个体差异，每个孩子对事情的学习能力都有强有弱。即使是著名的科学家，也多是从失败中走过来的。有一个鼓舞孩子的故事就是爱迪生改进电灯。他在研究电灯的时候，做了2000多次实验，试验了近1600种材料。有人说他失败了2000多次。爱迪生自己说："我没有失败2000多次，我是成功了2000多次。因为每一次都让我知道哪些材料不能用来做电灯。我一次都没有失败，我改进了电灯。"这是一段经历了2000多步的历程。爱迪生有一句名言："**只有通过失败，才能一路走向成功。**"没有失败，就没有获得新发现的惊喜。

万事开头难。我觉得虽然很多事情都有一个不容易的开始，但只要不放弃，就只有暂时的不成功，不是失败，能够坚持下来，就是成功。不管学习还是做其他事情，对孩子来说，都是从一个不会到会、从不好到好的过程，其间离不开父母耐心的引导、帮助与支持。同时，我也认识到，有时候，孩子不喜欢做某些事情，是因为他们不懂得如何去做好那些事情，不能从中获得乐趣。在《虎妈战歌》中，作者蔡美儿说"除非你做得好，否则你不会觉得好玩"。作为父母，我们应该帮助孩子学会做好这些事情。其实，孩子和大人都不喜欢不会做的事情，觉得那是一件难事。会者不难，一旦学会了，就会发现了其中的乐趣，就会满心欢喜地接受种种新鲜事物，自得其乐。

事实上，爱迪生能够做2000多次实验，说明他对改进电灯这件事有多么执着。他一定很喜欢这些实验，乐此不疲，不会觉得辛苦。每一个能够忘我地投入学习或者工作中的人，一定对学习或者工作有着强烈的兴趣。这种兴趣如此强大，以至于有可能超越人的生理需求。别人以为他们很辛苦，但实际上，他们不会觉得辛苦，只是别人体会不到他们身在其中的乐趣。正如一些孩子对电脑游戏着迷，开始玩之后他们可以一直玩下去，不睡觉，不吃饭——这么"用功""努力"。学习或者工作也一样，如果孩子对学习感兴趣，他们就会自觉用功学习。虽然我们很难让孩子对学习像对玩电脑游戏一样热情，但是至少应该让孩子不讨厌学习。

每一个学习过程中，都隐含着从兴趣培养到为之坚持的过程。兴趣非常重要。**兴趣呵护好了，孩子才可能持之以恒，才能自觉和勤奋。**2006年诺贝尔化学奖得主、斯坦福大学教授、著名生物化学家罗杰·科恩伯格从小就对科学有着浓厚的兴趣。他的父亲在他9岁生日的时候问他最想得到的生日礼物是什么。他的回答不是向往已久的玩具或者外出旅游等，而是"一周的实验室时光"。这种对科学最纯粹的热爱支持着科恩伯格教授，让他不怕失败，并在"真核基因转录的分子机制"研究领域中取得了一系列举世瞩目的成就。科恩伯格教授在开始从事科研的前几年,尽管每天都在实验室辛勤工作,但并没能得到任何值得发表的结果。尽管如此,他并没有泄气,而是坚持不懈地钻研。他说,**虽然运气和天赋有时候也很重要,但成功建立在不断尝试和失败的基础上。只有通过不断的失败,才能最终走向成功;只要不断努力,好运总会在某个时刻眷顾你。**

  不是所有事情都能在第一次尝试时便获得成功。每一件事情,不可能都是下了功夫就能立竿见影的。多数事情都有一个循序渐进的过程。孩子每做一件事都需要帮助和鼓励。只要每天能比前一天有一点儿突破、有一点儿改善,能够让孩子坚持下来,孩子就能明白,学习过程中的一些不适感和障碍都是正常的,是可以克服的。物理学家、量子力学大师理查德·菲利普斯·费曼[①]在他的《发现的乐趣》中介绍了科学的魅力,发现万物之理的乐趣。1965年,47岁的他因在量子电动力学方面的研究荣获诺贝尔物理学奖。他说:"我从自己的工作中得到乐趣,人们也分享我的乐趣。我知道,有许多物理学家用到了我的成果,这就够了,我不认为还需要其他什么理由。我不这样认为——瑞典皇家科学院诺贝尔奖评审委员会判定我的工作有

---

① 理查德·菲利普斯·费曼,生于1918年,成长于美国纽约市皇后区,高中毕业后进入麻省理工学院学习,1942年获得普林斯顿大学理论物理学博士学位,之后加入美国原子弹研究项目小组,秘密参与研制原子弹项目"曼哈顿计划"。费曼是量子电动力学创始人之一,被认为是爱因斯坦之后最睿智的理论物理学家,也被誉为纳米技术之父。由费曼提出或完善的费曼图、费曼规则和重整化计算方法是研究量子电动力学及粒子物理学的重要工具。

崇高的意义,我就应该得一个奖。我早就已经得奖了,这个奖就是发现的乐趣,探寻工作中的乐趣,以及看见别人在运用自己的工作成果的乐趣——这才是真实的。荣誉对我来说并不真实。我不相信荣誉。"

家长要做的是,保护好孩子对做事情和学习的兴趣,让孩子树立自信。有了兴趣和自信,孩子就会有动力去把事情做好。

08

创办家庭月刊：
写作能力的养成

培养孩子从小打破传统框架、跳出常规思维、敢想敢干的能力。写作是一个需要长期修炼的过程。

在日本的时候，我们在一次国际交流活动中认识了古市一家。这个家庭的父亲是日本一所小学的校长，母亲是家庭主妇，家里有3个女儿。有一次我到他们家做客，看到了他们家的家庭报纸。他们家每个人每个月都要写1~2篇文章，编辑成一份报纸，内容题材不限。这份报纸图文并茂，内容活泼丰富，也颇有哲理。一份份报纸，记录着一个家庭的喜怒哀乐，记录着孩子的成长、思想变化，也记录着父母工作的进展和变迁，简直就是一部家庭传记。我很喜欢。他们有时候会把报纸寄给亲戚朋友，包括我。

当整理东西准备去美国的时候，我发现值得留念的东西实在太多了，资料的整理十分费劲。于是，我萌生了编辑家庭报纸的念头。我想，这既便于日后的资料整理，也能为两个孩子提供一个"小玩意"。

到美国两三星期后，我们克服了时差，布置好房子，生活基本走上正轨。于是我便和8岁多的大女儿旻旻讨论编写报纸的事情，得到了她的积极响应。我很喜欢旻旻总对各种各样的事情充满热情，而且她做事情的态度积极认真。我们说干就干。她立即设计报纸标题，写文章，画画。于是，2000年7月底，我们家的第一份家庭月报顺利诞生，里面有我和我先生的文章、旻旻的文章和图画。璐璐还小，不会写字，但是她画了一幅画，是一只小猫。我们的月报题目为《笑笑嗔嗔》。

　　家庭月报的主编当然是旻旻和璐璐。我们从不告诉她们应该写什么画什么、怎么写怎么画，完全随她们自己发挥。在我们看来，月报只不过是她们的一个新玩具，不是一个任务，她们爱怎么玩就可以怎么玩，这是她们发挥想象力和创造力的机会。旻旻和璐璐很快就喜欢上这个"大玩具"，比我这个发起人还要认真、积极。写文章，画画，她们常常忙得不亦乐乎。有时候，她们会问我们最喜欢哪一篇作品或者哪一幅画，我们当然实事求是，告诉她们我们最喜欢什么，帮她们规划得更好。当然，我们也不吝鼓励，每一次都对她们的作品给予由衷的赞赏。

　　记得我在日本鹿儿岛大学医学院攻读博士学位时，实验室里最常说的一句话就是玩。博士生导师村田教授把实验室里的所有仪器设备都称为玩具，每购入一套新设备，便说"我们多了一个新玩具"。每一个项目，都是一个游戏。我们每天做实验，在村田教授眼里，都是在玩过家家游戏。他说，飞机的发明创造，是美国莱特兄弟玩出来的；DNA分子双螺旋结构的发现，是美国生物学家詹姆斯·杜威·沃森和英国生物学家弗朗西斯·哈利·康普顿·克里克在实验室里玩出来的。苹果公司的创立，也是史蒂夫·乔布斯"不务正业"的结果。无独有偶，我在美国福克斯切斯癌症中心的同事布伦伯格博士因为发现乙型肝炎病毒获得1976年诺贝尔生理学或医学奖。他也把自己的成功看得非常自然和顺理成章。他说话幽默风趣，举重若轻，说他自己只不过是太爱玩实验而已。所以，不要以为"太爱玩"或者"贪玩"的孩子就不是好孩子。玩，有时也可以玩出名堂来。凡事无须太认真，不要有太多压力和期待，轻松愉快地做事，效果可能更好。大概成功的人都是能够在自己的领域里玩得很好的专家。当然，这种"玩"，应该是指没有困难和压力，得心应手，做事游刃有余，而不是游手好闲，无所事事。

这份家庭月报陪伴我们见证了旻旻和璐璐的成长。4岁多的璐璐一开始只会画画，后来开始写数字1~10，接下来写A、B、C，乃至英语单词、小短句、小文章等。半年之后，旻旻和璐璐的英语有了不小的进步。虽然平时家里的交谈仍以日语和中文为主，但她们也开始喜欢掺进几个英语单词来显示自己会说英语。家庭月报也开始变得中、日、英三文并茂。

家庭月报记录着我们家里的很多小故事。比如，璐璐平时不大说话，有一天她突然说出一连串的英语单词，这让我们喜出望外。我们经常开玩笑说她不愧是"猪"（按中国十二生肖，璐璐属猪），笨笨的，此刻才知道那叫"大智若愚"。看到她在家庭月报上画画、写字的惊人进步，她爸爸眉开眼笑，感叹她到底是"大器晚成"。

有一天我们谈起"谁做什么最厉害"，璐璐一语惊人，"妈妈生气最厉害"，令大家捧腹大笑。说真的，妈妈生气是够厉害的。

妈妈一生气，一家人便都学乖了。这时候，爸爸会帮忙做家务，还会硬着头皮翻开词典辅导孩子功课；旻旻会主动做作业、练钢琴。有时候，"难产"的家庭月报，也会因妈妈生气而顺利诞生。

家庭月报里有母亲节时璐璐献给妈妈的"爱的面包"。材料：两颗纯爱的心，两杯善良酵母，两杯友谊面粉，两杯快乐拌料。做法：加入温暖、热情、幽默和耐心，放进面包机烘烤。用法：请开心品尝。

家庭月报里还有旻旻同妈妈谈论学校里的选词造句的故事。我说，老师要求说出带"绿色"的东西，要有创意，所以不能只说"青菜""树叶"，那样的东西太明显、太平凡。旻旻告诉我，她的答案是"妈妈的菜谱"，这就有创意了。这样的教育，可以培养孩子从小打破传统框架，打破千篇一律的常规思维，敢想敢干。学校里允许学生"胡思乱想"，相信太阳是方的、地球是扁的，允许马嘴不对牛头。每次翻开我们的家庭月报，温习这些有趣的小事情，我总是为我们这个平凡的家庭感到骄傲和自豪。这些小小的故事，温暖了我们漫长的岁月。

我们这份家庭月报有图、有文、有画，虽然一开始很"孩子气"，但十分可爱，很有特色。这样随心所欲的作品，很真实，也很有价值。每一个作品，都是孩子自己发现亮点，然后挥笔而原创的东西，她们不会"为赋新词强说愁"。

我认为办家庭月报的最大好处是养成孩子的写作和总结习惯，锻炼她们的归纳能力。**写作是一个需要长期修炼的过程。**由于从小锻炼，长大之后，旻旻和璐璐的写作能力都很强。旻旻从小学开始，就赢得了多次写作比赛；璐璐上了高中后，其作文经常被老师作为范文，也经常被推荐到学校及当地报纸上发表。璐璐上高二时参加了艾恩·兰德研究所国际作文比赛[①]，获得了二等奖（获奖比例小于1/1000）。璐璐独特流畅的文风，对她申请大学、申请奖学金也有极大的帮助。我认为，无论孩子今后从事何种职业，写作能力都会让她们受益终身。

在日常生活中，每个人都会经历有意义的或者有感悟的事情，有些人从中学到了东西，有些人就那样过去了，因为每个人的观察和总结能力不同。每个家庭都会发生许多大大小小的事情，很多小故事便随着时间的流逝而消失了。然而，正是我们日常生活中这些小小的故事、不经意的时刻，构成我们生活的意义以及人生的核心。办一份小小的家庭月报，并不需要花太多力气和时间，但能给孩子种种锻炼的机会，比如绘画、排版、写作等，也能为一个家庭留下一份永久的回忆，增进家庭成员之间的交流和感情。写作能够给人带来巨大的愉悦感。有时候，我向朋友们坦白，写下故事，留下小相片，实际上是为了我们自己，把会流走的过去变成凝固的历史。当我们垂垂老矣时，翻开这些故事，当时发生的每一件小事依旧能历历在目，不管是我们还是孩子，甚至是孩子的下一代，每个人的脸上都依旧能泛起最甜美的微笑。家的温暖、甜美的回忆并不会因为岁月的流逝而消散……

---

① 艾恩·兰德研究所国际作文比赛，每年都向全世界的高中生和大学生征稿，喜欢读书和写作的孩子都可以参加。

孩子是如此特别：
发现孩子的天赋和兴趣

孩子不是哲学家，不擅长理性思考，只喜欢做让自己感到快乐、好玩的事情。每一个孩子都是不同寻常的，都有其优异和特别之处，我们应该及时发现并给予鼓励。

从人体生理发育的角度讲，5～10岁的孩子，右脑机能已经形成，左脑机能正在发展。这段时间孩子精力充沛，是引导他们爱上学习和培养各种兴趣的最佳时期。这个阶段的孩子可以接受大量的自然知识、科学信息和各种技能的刺激，也很容易受父母的影响。作为父母，我们可以让孩子学习各种知识，学习社会文化、绘画、音乐、艺术、体育等。阅读，无疑是所有学习的开始。

假期，我们常常会约上几个朋友，带孩子外出游玩。公园、游乐园、动物园、博物馆，都是我们常去的地方。但是，我们不会忘记去图书馆。这里的图书馆除了有丰富的藏书外，还常有为孩子举办的读书活动、手工活动、烹饪讲座、观影活动等。我们允许孩子随便参加任何活动，允许她们挑选自己喜欢的各类图书。我从不反对她们阅读任何图书，我相信开卷有益，每一本书都可以让孩子从中学到一些东西、经历一些事情。璐璐喜欢读那些意趣横生、天马行空的民间传说、科幻小说、童话故事。有时我们会帮她挑选一些历史、地理、数学和科学等方面的图书。我认为书无好坏之分，关键在于如何阅读。不同的书有不同的知识系统，孩子应该接受多种知识系统的刺激。有空的时候，我们会读她们借来的书，和她们聊聊书里的内容，适当地引导她们进行思考。图书是她们自己挑选的、她们喜欢的，因此无论去哪里，她们的背包里总有1～2本小书，哪怕是5～10分钟，她们都可以阅读。阅读，自然而然成为她们生活中的一部分。

老大旻旻从小就很懂事，所以她还不满4岁的时候，我们就想让她开始学弹钢琴。那时我们在日本，朋友介绍了离我们家不远的一位著名的日本钢琴老师——横山老师。面试的时候，横山老师觉得旻旻足够成熟，同意接收旻旻当学生。没想到，真正到了老师家的琴房，那架大钢琴在旻旻的眼里好像成了个大怪物。她被吓坏了，不敢坐到钢琴面前。因此，等到半年之后，旻旻才开始练琴。有了旻旻的教训，我们对璐璐学弹钢琴就不着急了，所以璐璐是在5岁多的时候，才开始练琴。

就像阅读一样，璐璐一开始对练琴既不喜欢，也不自觉。这也难怪，在她还不能欣赏音乐旋律的时候，练琴对她来说是一种负担，而不是好玩的事情。不像阅读、玩过家家游戏，她可以自由自在。练琴时，她必须遵守规则。我也不知为什么，我对她练琴很在意，每天规定她必须练习至少半个小时。我不喜欢她那些笨拙的手指、不和谐的琴音。我似乎并没有意识到，这是一个自然的过程。璐璐对此更是很不高兴。不过，她喜欢去钢琴老师家里学琴。在那里，老师总是夸奖她、表扬她,她会得意扬扬。大概是我对她练钢琴太用心,恨铁不成钢,招致她的反感。几年之后,璐璐干脆不练钢琴了。美国著名小说家马克·吐温在《汤姆·索亚历险记》中说,他发现了人类行为的一大法则——为了使一个大人或孩子极想做某件事情,只需要设法把那件事情弄得不易到手就行了。所以,有人说,想要孩子排斥什么,就去强迫他。璐璐不练钢琴,或许就是我们对她过分关心的结果,好在我们并没有太期望她成为钢琴大家,所以也没有感到太失望。璐璐后来自己要求学习拉小提琴,她以为我不喜欢小提琴,因而就不会总被盯着练琴。我们支持她的选择。实际上,我们并不刻意要求她学习什么,只是希望她有一点才艺,因为知识与才艺是孩子素质及素养的基础。

　　从表面上看,这里的小学生没有什么作业,但实际上,学生除了完成简单的家庭作业外,还有各种专题项目,比如介绍自己,介绍家庭,介绍一次活动,阅读、画画,进行科学竞赛等。项目的完成,需要动脑、动手、探索、创造,有时还需要合作。项目完成之后,常常会在教室展出,所有学生和家长都可以看到。这些项目化的学习,有些是必须做的,有些是可以选择做的。学生如果对某一项目感兴趣,可以花很多时间学习研究该项目,可以一次又一次地尝试,把该项目做得很好、很丰富。通过这样做项目,可以学习到很多东西。如果对某一项目不感兴趣,也可以不做或者花很少时间应付一下。做项目是一种主动学习。通过项目的完成情况,老师和家长可以发现孩子的天赋、兴趣和爱好。

天赋是与生俱来的,而兴趣可以靠学习培养出来。发现孩子的天赋或兴趣,其实并不难。如果孩子有某一方面的天赋,他不用花很多时间就能把某事做得比其他孩子好。如果孩子对某事感兴趣,他就能自愿自发,或者乐意花时间做好这一事情。如果老师或家长能够发现孩子的天赋或兴趣,并引导或帮助他们朝这些方向发展,那么孩子成功的可能性就大大增加。

璐璐对学校的每个专题项目都能做到认真投入,特别在涉及写作和画画的项目时,她做得特别仔细,这有可能是因为她从小就参与家庭月报的编写。小学有一道经典的题目——《关于我自己》,是一个关于自我介绍的题目,让孩子在大纸板上写出自己及家庭的情况,并附上相应的图画或者照片。我留有她四年级时做的这个项目成果。她用工整的字体,有条理地写下:"陈璐璐出生于日本鹿儿岛市,她是一个中国人,有很多亲戚在中国。她现在是麦肯里小学四年级的学生。璐璐出生于1995年9月,她有一个姐姐叫旻旻,是八年级学生。璐璐的家在一栋很好的房子里,这栋房子里还有游泳池。璐璐喜欢和家人、朋友聊天。璐璐喜欢画画、阅读、弹钢琴、拉小提琴,还喜欢庆祝节日。"然后,璐璐画了一个小女孩、一栋房子、一幅画、一本书、一把小提琴,还有钢琴键盘。璐璐以简洁的内容、清晰的条理、图文并茂的形式,很好地完成了这个项目。老师也给予了很高的评价。

从璐璐完成学校这个小项目这件事,我体会到我们对她在学习、画画和音乐方面的影响。我也意识到，璐璐其实是喜欢弹钢琴的，但是她不喜欢我们盯着她练琴。**孩子不是哲学家，不擅长理性思考，只喜欢做让自己感到快乐、好玩的事情，不愿意去做让自己感到不开心的事情**。因此，想让孩子做什么，就必须让孩子充分体验到他们所做事情带来的快乐。如果让一个孩子喜欢做某些事情，父母需要做的只是帮助他，如可以为他提供一些信息或者机会，帮他拓宽道路，让他得到更好的发展。

大家可能听说过美国职业游泳运动员迈克尔·菲尔普斯。他是奥运历史上获得奖牌及金牌数最多的运动员之一。1985年6月30日，迈克尔·菲尔普斯出生于马里兰州巴尔的摩市一个美国中产阶层家庭。父亲是一名警员，母亲是学校老师。家中有3个孩子，菲尔普斯最小。小时候，他贪玩好动，学习成绩一直不好。其实他患有注意缺陷多动障碍（ADHD），这是一种遗传性疾病，是儿童期常见的一类心理障碍，患病率为3%～7%，主要表现为与年龄和发育水平相当的孩子相比，注意力不集中，注意时间短暂，活动过度，冲动行为多，注意力持久性缺乏，易由一项活动转向另一项，但一项也完不成，常伴有学习困难。然而，菲尔普斯的母亲发现他喜欢运动，就让他参加各种运动。菲尔普斯最先喜欢上的运动是棒球，他练球很积极，还获得过当地举办的小学生本垒打比赛的冠军。后来他又喜欢上游泳、橄榄球和长曲棍球。菲尔普斯的游泳教练鲍勃·鲍曼发现菲尔普斯有游泳天赋，便说服菲尔普斯的母亲让菲尔普斯专攻游泳。

鲍勃·鲍曼要求11岁的菲尔普斯进行大运动量的训练，每周练习7天，每天至少练习5小时。几年下来，菲尔普斯不仅战胜了ADHD，而且心肺功能也得到了很好的锻炼。心肺功能的增强和技术细节的改变，让菲尔普斯的游泳成绩迅速提高。1999年，在美国少年运动会上，14岁的菲尔普斯打破了20岁年龄组200米蝶泳的纪录。在接下来的几年里，菲尔普斯成为世界游泳锦标赛历史上获得奖牌数最多的游泳运动员之一，成为美国游泳运动员中有史以来获得最多荣誉的奥运会选手。

所以，作为父母，你一定要知道，每一个孩子都有各自的个性，他们都是很特别的。孩子的智力优势各不相同，学习不是孩子的唯一出路，不是孩子需要做的唯一事情。决定孩子成功的最重要因素，并不是我们给幼年的孩子灌输了多少知识，而在于我们发现孩子的天赋和他们的特别之处，帮助孩子培养兴趣与特长，培养重要的性格特质，比如毅力、勇气、好奇心、责任心、自信心以及自我控制能力，这些都将影响其一生。

回国过暑假：
独立的第一步

我们不会把孩子看成什么事情都不会做的小婴儿，因此不会什么事情都替她们安排好。我们经常会说"放手去做"，鼓励孩子自立自强。

自从2000年到美国之后，璐璐和旻旻都没有回过中国，她们对中国和汉语都慢慢生疏了。美国学校的暑假很长，小学生每年有2~3个月的暑假。美国多数孩子都会利用暑假参加各种夏令营。我们也常常利用暑假让孩子学点儿课外的东西，比如游泳、打网球等。我们也一直想让孩子学习琴棋书画等中国传统文化。一个偶然的机会，我先生联系到我们家乡一位著名的国画家。于是，2004年暑假，我们决定让姐妹俩回国内生活一段时间，学习汉语，学习国画。

　　6月中旬，我先生先带着她们回到国内，并陪着她们在我姐姐家住了一段时间。两个孩子熟悉我姐姐家的生活后，我先生就先回了美国。我们家是一个大家族，亲戚之间的感情都很好。我姐姐家有一个比旻旻大3岁的女儿，旻旻、璐璐从小就和她很要好，而我姐姐也很会照顾孩子，所以我很放心让她们住在我姐姐家。

　　这是璐璐和旻旻第一次离开我们，并且自己在别人家生活这么长时间（2个多月）。起初我不大放心，每天都会打跨洋电话和她们姐妹俩聊天。一开始她们有些不习惯，偶尔会和我哭诉气候太热、蚊子咬人等生活上的不适应，但是很快她们就"乐不思蜀"了。

按计划，她们每周去学习3次国画。7月的中国南方正值炎炎夏日，又湿又热。她们上课的地方离住地较远，坐出租车也要20分钟。一开始她们觉得很困难，不过慢慢就习惯了，并开始喜欢上画国画。我很欣慰她们懂得坚持，虽然我没有要求她们一定要怎样做，但她们从小已经习惯做事要坚持，要严格要求自己，所以她们从来不缺课。8月中旬，我回国去接她们时，她们已经学会了很多东西，从不会拿毛笔到能画简单的线条，到后来还能画出一幅完整的"小鸡竹下嬉戏"图。国画老师丁先生是一位慈祥的爷爷，但对画画精益求精，他相信"严师出高徒"，因此对她们的要求十分严格。他总是希望她们能够更上一层楼。我倒有点儿像美国人，以她们高兴为本，过得去就是很好的成绩，所以她们有一点进步我就认为是很大的进步。虽然她们的作品并不十全十美，但在我眼里已经十分值得肯定与赞赏了。我从中挑选出几幅小作品，装裱好留作纪念。姐妹俩很高兴。

没有父母在身边，她们必须照顾自己，和别人交流沟通。好在她们从小就很独立，自己吃饭穿衣，也习惯于和大人沟通，说出自己真实的想法（喜欢什么、不喜欢什么、想做什么、不想做什么），这样大人就不用费尽心思地去猜她们的想法，也能够很好地照顾她们。她们会和姨妈、姨父说想要吃什么、做什么。于是我的姐姐、姐夫会经常买她们喜欢的东西做给她们吃，带她们出去逛街。有一种饮料的名字发音和璐璐的名字发音一样，她们姐妹俩觉得这很好玩，所以很喜欢喝这种饮料，于是姐姐家里总是少不了它。璐璐很喜欢吃活虾，她常常告诉我们，中国虾比美国虾好吃。而旻旻则喜欢出去买衣服，因为她认为中国的衣服比美国的更漂亮。

由于两个孩子在国外生活了很长时间，汉语说得不好，而我姐姐家的孩子则需要学习英语，于是一个小小的互助学习班就形成了。每天两个孩子教我姐姐家的孩子说英语，而我姐姐家的孩子则变成中文老师教旻旻和璐璐。她们每天在玩笑中互相学习，不管是当老师的还是做学生的都很积极，遇到不认识的单词都会互相请教，所以三人都进步很快。这个暑假，璐璐和旻旻学会了很多汉字，还学习了很多中国传统知识。她们最开心的是知道了十二生肖，并且知道了家里每个人的生肖。于是，在电话里头，她们经常会告诉我："妈妈，今天我们看到姨妈在田里。"（她们的姨妈属牛，她们看到牛就会说是姨妈，还会和牛打招呼"姨妈好"）她们还管其他表哥、表弟、表姐、表妹叫"公鸡""猴子""小狗"，每天她们都要玩不同的动物游戏，玩得不亦乐乎。学习中文和英文的秘诀就在于这种日常的积累。慢慢地，三个女孩子之间一旦有了不想让大人知道的秘密就用英语说悄悄话，大人都拿她们没办法。

有一天，璐璐很开心地告诉我，姨父带着她们去摘荔枝。在美国，虽然超市里有荔枝和龙眼，但是它们经常不够新鲜并且很贵，所以我很少买。我们广东老家刚好盛产这两种水果，于是她们很快就喜欢上它们。她们的姨父一看，觉得这些城市里的孩子缺少农家生活体验，于是专门抽空带她们去了2次果园，7月去了荔枝园，8月去了龙眼园。这还是孩子第一次去国内的果园，在那里，她们可以自己动手摘果子。摘下来的果子很快就进了她们的肚子。她们回家前还能再摘一些买下来，带回家吃上几天。虽然她们在日本、美国也常常去果园摘柿子、桃子、苹果、梨子、葡萄之类的水果，但荔枝和龙眼可是我们中国南方特有的水果。她们开心得不得了，因为在美国的时候，她们没有见过真正的荔枝树和龙眼树。

一开始，我还比较担心孩子能不能适应没有父母在身边的生活，但是慢慢地，我发现这种担心是多余的。我的姐姐、姐夫，还有她们的孩子都很照顾旻旻和璐璐。我的姐姐和姐夫告诉我们，璐璐和旻旻都很独立，和大人、小孩都能相处得很好。我觉得这可能和我们家的生活方式有关。在我们家，我们不会把孩子看成什么事情都不会做的小婴儿，因此不会什么事情都替她们安排好。她们上小学前，每天基本都是自己起床、穿衣、吃饭等。旻旻从小学一年级开始，每天都是自己起床、吃饭、走路上学。当然，我们会准备好各种食品，比如牛奶、面包、鸡蛋、饼干、坚果、水果等。她们想做什么事情，我们经常会说"放手去做"，所以即便没有家长在场，她们也能很好地照顾自己。

当然，不管是在国内还是在国外，总有一些家长觉得孩子什么都不会,什么都做不好,所以会包办一切。殊不知,这样恰恰会使孩子永远停留在需要别人帮助的水平上。

这段离开父母生活的经历,也加深了两个孩子之间的姐妹情。虽然她们还小,偶尔会抢东西、会吵闹,但是旻旻知道她需要像个大姐姐一样照顾妹妹。我们也很欣慰地看到姐妹俩的感情比以往更好了。所以,每过几年,我都会让孩子在暑假的时候回国生活一段时间。每一次她们在生活技能和思想上的成长,都给我带来很大的惊喜。适当地让孩子离开父母,也许真的是一个很不错的主意。

中国著名教育家陶行知和美国著名教育家约翰·杜威等都特别强调从生活中学习。杜威的核心教育思想,就是少年儿童应该从生活中学习,在做事中学习,而不是在书本里学习。他认为,教育中永远成功的教学方法就是"给孩子一些事情去做,不是给他们一些东西去学"。

11

跨级学数学：
选择与运气

  机会不由我们选择，但是我们可以选择时刻做好准备，以抓住机会。

  最重要的是，让孩子学会如何了解自己、如何选择，让孩子跟着自己的感觉走。

有人说，机会是稀有的东西。但是我认为，人生其实有很多各种各样的机会。只是机会的到来，常常是不知不觉的。

璐璐五年级下半学期，由于我们的工作变动，我们需要从费城市搬家到新泽西州。璐璐随我们转学到新泽西州的蒙哥马利学校。又一次离开她熟悉的学习、生活环境，离开她的好朋友，璐璐极不情愿。适应新生活、新环境，对璐璐而言是一个挑战，也是一个机会。

在璐璐五年级学年结束的时候，学校有个数学测试，向所有学生开放，允许学生自由参加。当时我并不知道考试是为了什么，只是觉得通过考试，可以了解璐璐的学习情况，所以就让她报名参加。原来考试的确是为了知道学生的水平，便于分班。结果璐璐得了90分，这个分数说明她可以跳一级进入高一年级学习数学。也就是说，本来璐璐在新学期应该学习六年级的数学，但这个分数表明她可以直接学习七年级的数学。

六年级开学前，璐璐的校长便找我们谈话，说如果璐璐愿意且我们家长同意的话，璐璐可以直接到七年级的数学班学习，学校会安排专门的校车接送（这个学校的六年级和七年级分属于不同校园，两校园相隔2～3分钟车程）。孩子能够跨级学习，对于我们来说，自然是引以为豪、求之不得的事情。不过，有些家长并不这样想，他们担心跨级学习会增加孩子的压力，我也知道一些家长并不想让孩子上"天才班"，他们不愿意孩子把全部时间、精力都花在学习上，而是希望孩子能够在上学的同时，享受生活，有时间做自己喜欢的事情。因为孩子自有孩子的童真和童趣，如果学习压力太大，他们就会失去童真和童趣，失去当孩子的意义。相比之下，让孩子充分享受童年才是天经地义的事情。

我们也不认为璐璐非得跨级学习，决定尊重她的选择。我们和璐璐讨论这件事情，征求她的意见。璐璐问如果她去了七年级发现自己不喜欢，能不能回到原来的班。我们跟学校老师确认过，这是可以的。于是，她欣然选择挑战自己。六年级班中，只有璐璐和另一个男孩子有这个资格选择跨级学习。于是，学校每天专车接送他们两个人到另一个校园上数学课。她觉得很好玩，学习也很来劲。从此，璐璐的数学水平便总比同龄孩子高出一个年级。当然，她仍然是六年级学生，其他功课还是六年级的功课。

有人以为，有些孩子聪明，可以毫不费力地获得好成绩，其实不然。现实生活中没有太多唾手可得的东西。**每一个当下的成就，都是过去的日常积累。** 我们虽然没有刻意让璐璐上补习班，但是数学问题常常是我们生活中离不开的话题。比如，一个苹果，我们4个人分着吃，要怎么切才能让每个人吃到一样大小的分量？如果多了1个客人或2个客人，又要怎么切呢？有10颗巧克力糖，4个人吃，每个人可以吃几颗？璐璐在小学便打下了扎实的知识基础，所以她的数学水平在同龄孩子中总是遥遥领先。取得的好成绩更激发了她学习的主动性和热情，最重要的是增强了她的自信心和自尊心。有了扎实的知识基础，璐璐的高中学习就比较轻松，所以她有时间参加各种课外活动。

我很赞同这种机动的教育方式，它让每个孩子得到适合自己能力发展的教育。比如，你是五年级学生，如果你觉得某门功课吃力，可以到三年级或四年级去学习该门功课；如果你认为某门功课太容易，也可以到六年级或七年级参加学习，就像璐璐可以从学前班到一年级上课，每位学生都可以得到最适合自己能力发展的教育。美国的高中，每个班都是不同年级学生的混合。到了大学，转专业、转学校也是很容易的事情。当然，转级、转专业、转学校都有一定的程序。本人提出申请，理由得到校方认可，并通过测试，才可以转换到另一个更合适自己的年级、专业或者学校。

璐璐上学期间抓住的另一个重要机遇是参加新泽西州长学校暑期科研活动。以前美国各州为了发展优秀高中生的兴趣爱好，开设过很多免费的夏季课程，最有名的是每个州的州长学校。从2008年起，由于美国经济疲软、课程经费紧缺，很多课程被取消或转换为低费用课程。新泽西州政府以前开设了5个方向的免费课程，有数学、科学、工程学、英语和艺术，但2010

年开始缩减为2个，分别是在新泽西州杜尔大学校区进行的科学课程和在罗格斯大学（新泽西州立大学）校区进行的工程学课程。州长学校的学生选拔竞争十分激烈，被选中便说明你是全州最优秀的学生之一，因此参加过州长学校课程的学生在申请大学时，会获得更多大学的青睐。

新泽西州长学校选拔的学生是，对科学或工程学方向有着浓厚的兴趣，学习成绩和PSAT（SAT预考）成绩都较高的十一年级优秀学生。新泽西州的各个高中根据其在校学生数量，每个学校每个方向可推荐1~3名学生（十一年级学生数少于325人时可推荐1名；大于325人且小于650人时可推荐2名；650人以上时可推荐3名）。得到学校推荐的学生才有资格通过所在高中向开办州长学校课程的大学递交申请表，连同申请表一起提交的材料包括学校成绩单、PSAT成绩单、老师推荐信、个人简历以及作文。

被推荐的学生往往是各个学校里最优秀的学生，所以其学习成绩和十一年级的PSAT成绩都很好。而且既然已是学校推荐生，老师推荐信一般都写得很好，因此个人简历和作文质量便变得非常重要。个人简历是"硬件"，短时间内不可能改变。因此，作为"软件"的作文，便成为关键。作文是学生表达对科学或工程学的浓厚兴趣、展现自我优势和特点的最好途径，好的作文能够让申请者在众多优秀学生中脱颖而出。所以，可以说，作文的好坏直接影响申请的结果。通常，仅有大约20%被推荐的申请者能通过一系列审查过程，最后被录取进入州长学校。最终被录取的都是那些真正对科学和工程学充满热情的很优秀的学生。被选中的学生获得免费参加暑期研究活动的机会，可以在大学里听到著名教授的讲课，在拥有极佳实验条件的实验室做研究。州长学校的暑期科研活动为优秀学生提供了一个非常好的平台，这对丰富他们的知识、提升他们的科研能力非常有帮助。我相信，璐璐的写作能力在这个时候也发挥了重要作用。

璐璐被录取为2012年州长学校科学方向的学生。她是400多名优秀申请者中幸运被选中的80人之一。璐璐在杜尔大学的暑期科学课程从2012年7月15日开始，到8月4日结束，活动为期3周。在此期间，大学教授向他们讲授分子生物学、癌症生物学、有机化学、机器人和物理等大学课程。杜尔大学还邀请1987年曾经在这个校园参加州长学校课程学习的2011年诺贝尔物理学奖获奖者亚当·里斯博士给他们开展讲座。亚当·里斯博士是物理界"暗能量"的发现者。璐璐他们有机会和亚当·里斯博士面对面交谈，还亲手抚摸亚当·里斯博士的诺贝尔物理学奖奖牌。最后，他们被分配到不同的小组，在大学实验室里进行不同的项目研究。璐璐所在小组的研究题目是《伪零级动力学反应》。活动结束后，他们将小组的研究成果进行整理并展示，发表在网站上。

参加州长学校的课程学习，并不大容易。虽然报名从高二开始，但是学业成绩从高一便开始计算，因此必须提早经营好自己平时的成绩，要取得优秀的PSAT成绩和SAT II（学能专项考试）成绩。在学校要做个优秀的学生，争取学校提名。"罗马不是一天建成的"，要在高中取得好成绩，小学期间扎实的知识积累是基础。这也从另外一个角度说明一个不变的规律——机会总是青睐于有准备的人。孩子需要从小养成良好的学习习惯，多锻炼，在各个方面多学多看，尽可能丰富自己，这样，脚下的路就会越走越宽。

"当你抓住人生的一次重要机遇，把一件事做好后，你就有了一个新的平台，就有了更广阔的天地。你继续努力，还会遇到更多的机遇和更好的平台。"参加州长学校的课程学习，的确为璐璐的升学铺开了一条路。**虽然我们很难创造机会，也很难设计机会，机会不由我们选择，但是我们可以选择时刻做好准备，以抓住机会。**

谈到机会，有人就会说到运气。记得中国"才女"武亦姝的妈妈说过一句话："天才和运气是不存在的。任何一个优秀的孩子，都不是横空出世的奇迹，而是有迹可循的因果。"武亦姝的父亲花了很多工夫，在女儿小时候就陪着她读诗词文学，玩成语接龙的游戏……才培养出武亦姝这样的北京大学高才生。约翰·洛克菲勒是美国实业家、慈善家，是19世纪第一个亿万富翁，被称为"石油大王"。他私传儿子的秘籍是：好运气是精心策划出来的。他说，每个人都是自己命运的设计师和建筑师。要想有所作为，就不能等待运气的光顾。他的人生信条是：我不靠天赐的运气活着，我靠策划运气发达。他相信好的计划会左右逢源，甚至在任何情况下，都能成功地影响运气。他说，世界上什么事都可以发生，就是不会发生不劳而获的事。要想让自己好运连连，我们必须精心策划运气，而策划运气，需要好的计划，好的计划一定是好的设计，好的设计一定能够发挥作用。第一个条件是清楚知道自己的目标，比如你要做什么，甚至要成为什么样的人；第二个条件是知道自己拥有什么资源。

一个选择，有可能决定一生的运气。

学习中文：
兴趣和现实

　　每个人不可能只做自己喜欢做的事。而且，一个人喜欢的事情会随着时间和环境的变化而改变。

　　学会去喜欢做需要做的事情，这很重要。

我们常常说，每个人要做自己喜欢做的事情。但现实是，多数人没有办法只做自己喜欢的事情，而且，一个人喜欢的事情会随着时间和环境的变化而改变，所以孩子也应该学会去喜欢做需要做的事情。

在费城，我们居住在东北部，那里白人较多，中国人很少，附近没有中文学校。我们在家里虽然常常说中文，但璐璐经常用英文回答。当我们"听不懂"她的英文的时候，她会用中文向我们解释，也就是说，她还是可以说点儿中文的。但是璐璐没有受过正规的中文教育，不会读中文书，更不会写汉字。我们一直希望璐璐学习中文，由此学习中国文化，学习一些中国人的思维方式，了解中国人的世界观、文化观与价值观。

搬家到新泽西州中部后，我们居住在一个华人较多的地方，在我家附近就有一所中文学校。我们很高兴，很快就联系好学校，把璐璐送去学中文。中文课每周上1次，周六下午上课。那时璐璐是五年级学生，可是她的中文水平还达不到二年级学生的水平，所以她最多只能进二年级的中文班。璐璐的个子比同龄孩子高,在中文课教室里,她的个子比别人高出一大截,而中文水平却比别人差一大截。第一次从中文学校回家,她瘫倒在沙发上,无精打采,唉声叹气,一副好可怜的样子。第二个周六,璐璐不愿意去中文学校。我们连哄带骗,还是把她带到了学校。回到家后,她又瘫倒在沙发上,一言不发,满脸沮丧。我们可以看出她的失望。我想,随着她中文水平的进步,她的情绪会慢慢转变。

到了第三个周六,璐璐坚决不去中文学校。她气愤地说:"你们不能强迫我。我不去学校,我去了也不学习。"

我很无奈,不相信"棍棒底下出天才",只好认输。我明白,我可以把她带到学校,但是,如果她去了也不学习,我只是在浪费自己的时间与金钱。实际上,我很高兴璐璐有自尊心,我自己也不愿意接受自己是班里最差的学生这件事。然而,我不服输,待她情绪平复下来,我和她"讨价还价"。我表示对她的理解,表扬她的自尊心。我说:其实我也不喜欢送她去中文学校,只不过我认为,她是中国人,就必须懂中文。而且,中国是一个伟大的国家。在此之前,璐璐去过中国,见过西安的兵马俑,爬过北京的万里长城,领略过湖南张家界的风光,她还特别喜欢广东的美食和深圳的"小人国"(世界之窗)。她在中国生活过2个暑假,中国有许多璐璐喜欢的东西和事情。最后,璐璐同意让我给她准备中文教材和光盘,让她自己学习。我告诉璐璐,我会每周检查一次她的学习进度,我会帮助她。

自此，璐璐开始了自学中文的旅程。我们为她提供《马立平中文教材》课本和光盘，她跟着电脑阅读。对于一个没有系统学习过中文的孩子来说，学习中文实在不是一件容易的事。她不懂拼音，不知道为什么相似的汉字却有不同的念法，不知道为什么一个字能有多种意思和多种读音，更不懂得古汉语与现代汉语的区别。古诗、成语、歇后语等，对她来说更是另一个世界、另一个朝代的东西。我有时间就会坐下来，和她一起学习。虽然她的中文水平一直跟不上同龄孩子，但是我们不断给予她鼓励与帮助，真诚地赞扬她一点一滴的进步。我们竭尽全力去肯定孩子的一切努力，去赞扬孩子自己思考的结论，去保护和激励孩子所有的学习欲望及尝试。

这一仗，我没有赢，也没有全部输给璐璐，因为我已达到让她学习中文的目的。更让我开心的是，璐璐从此开始学会自学。古话说，"授人以鱼不如授人以渔"。我知道，送璐璐去学校学中文，她可以学到更多汉语知识和中国传统文化，老师教授的经验远比我自己摸索出来的要丰富。但是，在这个学习中文的过程中，璐璐学会自学，自己寻找学习的方法，能够自主学习，这也是难能可贵的。在科学技术日新月异的今天，课堂上学到的知识是远远不够的。无论孩子以后从什么大学毕业，也不管孩子拿到什么学位，如果不能自学，不能持续学习，都一定会落后，会跟不上时代和社会的发展与变化。我们教育孩子，也应该培养他们终身自主学习的能力和兴趣。我没有想到，璐璐后来还自学了钢琴作曲。她有一篇作文是这样写的：

在十几岁的叛逆期，我拒绝妈妈强加给我的所有东西。"我讨厌香蕉，"我声明，"还有，我不要弹钢琴。"那是我钢琴学习生涯中最辉煌的日子，在费城春节的表演中获得最高荣誉，在节日派对中大显身手。然而，这一切突然无疾而终，仿佛命运女神剪断了绳子一般。

不过这并没什么大不了的。我与小提琴邂逅，小提琴是一种真正属于我的乐器，而不是妈妈的愿望。对于我来说，钢琴和小提琴是两个世界的产物：小提琴奏出的声音里有一种充满叛逆感且肆意妄为的气魄，而钢琴的声音则是在那珍珠般的白键上流淌出的平缓、流畅的旋律。小提琴是宏伟的，演奏充满冒险精神；钢琴只是一个受欢迎的小菜。

4年后，小提琴由于铆钉滑动，需要调整。相比于以往可以直接用耳朵调音，这次我却需要借助钢琴。我觉得就像作弊一样，偷偷地敲打着那个曾经被我抛弃的钢琴上发音依旧清晰无比的按键，我备受打击。自从放弃钢琴之后，再也没人要求我演奏曲子，也没有人希冀我能再弹一曲。此刻，在这空无一人的房间里，莫名的情愫油然而生。我坐下来，打开琴盖，先是按下"Do-Re-Mi"，再来一曲《致爱丽丝》，直到那些我叫不出名字的曲子顺畅地从我的指尖跳出来，我感觉自己又一次拥有了它。

虽是重拾机缘，然而指法生疏，好在渴望并没有消减。我不知道这些旋律从哪来，但它们一直挣扎着从指尖蹦出来，像是瀑布，像是流水，转动着我脑海中的水车，迅速地涌入我的耳朵，令我无法逃离。我只能接受它，写下它，让它自由地飞，让它永恒地存在。

所以，我开始动笔写，没想到越写越多，越写越混乱，仿佛语言的初学者，我担心许多含义在翻译的过程中会词不达意。一位作曲家是怎样将一幅自己脑海中出现的场景用五线谱写下来，再通过演奏者的阅读和演奏重现出来的呢？我又该怎样将自己的情感表现出来而令别人也可以感觉到呢？听众会不会意识不到或者曲解我的意图呢？我尝试将自己无法诉诸文字的情感通过一段意大利歌剧表现出来，淋漓尽致地演奏出来。

学习一个单词的时候，假如我们不知其来龙去脉，每个不熟悉的单词都是中性的，我们只能通过自己的经历去认识它，或者寻找它的近义词，或者用词典中的意思解读——前提是解读的用词都是我们认识的，我们才能知道这个单词的褒贬之意。然而，即便是第一次听到的音乐旋律，我们也能在第一时间感受到它抑或犹豫抑或愉悦的情绪，即使我们不懂得演奏的技巧。音乐究竟是什么？我们对旋律的理解能力是与生俱来的吗？

我在一本文艺杂志中发表了自己的钢琴作品《破碎键盘的共鸣》。虽然我以前发表过诗歌，还有绘画作品，但我更为能够发表乐谱感到骄傲。它意味着在我放弃钢琴数年之后，我又重新慢慢地与钢琴建立起新的友谊。我在曾经无比熟悉的按键上感到手指僵硬和陌生，我知道这是遗弃友谊的代价。重新开始自己孩童时期进行的"游戏"并不是一件容易的事情，但它让我开始理解音乐的意义。我比任何时候都快乐，因为我在为自己弹奏钢琴，脱离了别人的期待和自己对名誉的追求，我对钢琴的钟爱开始变得美好和纯洁。如果说在没人观看演奏时的我定义了我自己的角色和特质，那么在没有听众的演奏中，我的音乐被赋予了真正的特性。

学习作曲是一个有意思的经历，我从一个无名的演奏者变为一位学习如何将无法用语言表达的情感抒发出来的作曲家。这种经历令我将自己曾经演奏音乐的模式连根拔起。这种将自己定义为作曲家的心态时时刻刻都在挑战着我自己。我想，巴赫在自己的曲子需要流畅连奏的地方却听到不连贯的跳弹声时，必定会气得从坟墓中冲出来。

虽然我经常演奏小提琴，但是我喜欢用钢琴创作。每一种乐器都有它自己的长处：小提琴坦率和直白，而用双手弹奏钢琴可以实现更多复杂的表达。作为演奏者的我和作曲家的我是相互依赖的，都建立在明白"我是谁"的基础上。许多人都听音乐，但是他们之中只有一小部分人能够弹奏，同时能进行创作的则少之又少，这其中又仅有区区几个能够为他人作曲。作曲的过程让我体会到如何在没有外界压力的情况下追寻自己的热情，让我不怕从头再来，让我自学新的或者困难的知识，也让我意识到自己还有许多需要学习的东西。

没有一个人天生就知道自己喜欢或者不喜欢做什么。人们往往由于偶然的机会，才发现自己喜欢或者不喜欢做什么。不能说璐璐从小不喜欢读书，因为她读不懂。说璐璐不喜欢学中文，也不公平，因为她不喜欢那个学习环境。心理学里有所谓的正面反馈与负面反馈之说：正面反馈指的是一个人的行为得到肯定、得到赞美，正面反馈往往有积极作用，更激动人心；负面反馈虽然像苦口的良药，但孩子一般不大容易接受。这在璐璐身上，也得到验证，她对做不好的事情感到沮丧，会失去兴趣和自信。

心理学上也有"胜利者效应"理论。1961年科学家的实验就显示，让蟋蟀两两对战，战胜的蟋蟀总是在接下去的战斗中继续获胜，而战败的蟋蟀会一路输下去。而蟋蟀在战胜一些较弱的对手之后再与更强的竞争者较量时，胜利的概率将会比直接面对强敌高得多。后来的动物实验也证明，多次胜利经历，能够改变大脑皮质和神经元的结构，让动物处于容易再次获得胜利的状态。德国神经科学研究所所长伊恩·罗伯森教授也提出，成功的经历可以改变大脑中的化学物质，这些化学物质的效应和药物一样强大，可以使人集中注意力，更自信，并且更具有攻击性。获得胜利的次数越多，这些化学物质就越多。因此，成功是成功之母。

有一次，璐璐抱怨上学是在浪费时间，特别是上课。上课前，老师会布置一大堆作业，学生必须通过自学才能完成作业，上课时只是核对答案。她觉得自己都做对了，所以学不到什么新东西。

我认识到，美国教育也很重视自学。我和她解释说，不是所有同学都能全部做对，这些同学需要通过核对答案和听老师的讲解去学习。我喜欢这种教学方式，因为这种教学方式能培养学生的自主学习能力，让学生先思考，再学习，可激发学生的创造性思维，培养学生的独立思考能力。她做对作业，说明她自学能力强。然而，老师的讲解中一定还有新的东西，她应该用心去抓住那些新的东西。

璐璐争辩说，我原本告诉她要做她自己喜欢做的事情。是的，我说，一个人如果能做自己喜欢的事情，做起来就会轻松和愉快，那是最好的事情。可是有时候，每个人不可能只做他喜欢做的事。比如，你不喜欢你的工作，但为了赚钱谋生，你不得不去做。这种情况下，你需要学会去喜欢做需要做的事。我跟她讲了一件几天前在单位碰到的事。那天我到另一个实验室借用东西，发现一位技术员的试管尖盒子很特别。看到我惊讶的表情，技术员不好意思地解释说，每天机械地做实验很枯燥，所以她必须从工作中找点儿乐趣，于是她想出办法找到使用试管尖时的乐趣。10月有万圣节，因此在这个月，她会把这些试管尖排成一个南瓜的模样（美国人在不同的节日有不同的装饰）；到11月感恩节的时候，她会用试管尖编出一只火鸡；到12月圣诞节时，她会用试管尖创造出一棵圣诞树。我很喜欢这位技术员的聪明与精神。如果不喜欢你的工作，你就会感到烦躁，必然不能将工作做好。所以，我总建议人们做自己喜欢的事情。但是，当你无法做你喜欢的事情的时候，便要想办法去喜欢你需要做的事情，试着在需要做的工作中寻找快乐和意义。我告诉她每天上学，有时候会让人觉得无聊。"你仔细想想，老师有时候还是会讲一些你不懂的东西，是不是？你在学校是不是学到了不少东西，也参加过许多有趣的活动，还认识了很多有意思的朋友？幸福、快乐是很主观的事情，要靠你自己去寻找，去感受。所以，如果你认为上学、做作业无聊，那是因为你没有找到有趣的东西。在学校里，不单单是学习课本的知识，更重要的是懂得学习的方法；还要学会生活，学会和同学交往、玩乐。在学习和生活中学会自娱自乐，这样的人生才会让人快乐，不会让人觉得无聊。"

实际上，我们不能太强调兴趣。孩子太小，他们暂时没有理性分析能力。兴趣是后天培养出来的。有时候孩子对事情的兴趣可能是暂时的。**我们应该鼓励孩子做他们擅长做的事情并寻找做事背后的乐趣，从而培养孩子感受快乐和幸福的能力。**

参加"带子女上班日":
潜移默化的生涯教育

　　父母带孩子上班对孩子来说,不仅意味着有趣,也有着潜移默化的教育作用。

　　父母带孩子上班,除了让孩子知道父母每天上班做什么以外,还可以满足孩子的好奇心,加深孩子对社会、对职场的感性认识。

美国有一个很特别的日子，每年4月的第四个星期四，是"带子女上班日"。这是美国教育系统为孩子提供接触社会的机会，帮助孩子了解各个专业、职业的一个活动。

这个活动起源于1993年一个叫格洛丽亚·斯泰纳姆的人和妇女基金会发起的"带女儿去上班"活动。这个活动，让女儿与母亲一起上班，到母亲的工作场所参观，目的是加深女孩对工作的认识。"带女儿去上班"逐渐成为一个成功的课外教育活动。由于这个活动大受欢迎，后来许多父亲和母亲也将儿子带去上班。2003年，这个活动被重新命名为"带子女上班日"，这个日子成为一个全国性非节日的"节日"。据说，每年有300多万个机构参与这项活动，参与人数超过3000万。

"带子女上班日"，让孩子看看父母每天做什么工作、是怎样工作的、在一个什么样的环境下工作，让孩子对父母的工作机构有一个初步的了解。这样的参观活动，除了让孩子知道父母每天上班做什么以外，还可以满足孩子的好奇心，加深孩子对社会、对职场的感性认识。

每年的这一天，几乎所有父亲、母亲都可以带着自己的子女，甚至邻居、朋友的孩子一起去上班，因此无论是公司、医院、政府机构中，还是商店、工厂里，都会出现不少孩子。因为孩子的到来，这一天所有的工作场所都非常热闹。

每年的这一天，我们福克斯切斯癌症中心都会做好准备，迎接孩子的到来。我们中心还允许孩子参与大人的工作，享受大人在工作时所能享受的待遇（我们每天有下午茶时间，中心提供免费茶水、咖啡和曲奇饼干）。我和其他父母一样，都会带着孩子去上班。璐璐第一次跟我去上班是在她5岁的时候，我让她跟着我做那一天我应该做的所有事情。那时，我在福克斯切斯癌症中心做博士后课题。我从事的研究是发育生物学和肿瘤细胞生物学方向的，因为许多调节胚胎发育的基因都和肿瘤的发生密切相关。我主要采用动物实验模型和细胞模型来做实验。上午，我先带璐璐到动物中心做动物实验。看着技术员抓起小白鼠，璐璐以为小白鼠是宠物，也跟着将手伸进笼子里，抓住了一只小白鼠的尾巴。这可把我们吓坏了，幸好那只小白鼠还算友好，没有咬她一口（从此，动物中心的职工都称她为"敢抓小白鼠的女孩"）。接着，她跟着我到细胞培养室做细胞培养，我让她看显微镜下的活细胞。后来，我还让她在显微镜下看人体组织切片。虽然5岁的璐璐并不明白什么是人体组织，什么是人体器官，更不懂得所谓的运动系统、循环系统、呼吸系统、消化系统、神经系统……但是她知道看得见的皮肤、头发。我只向她介绍人体的皮肤组织切片。经过苏木精-伊红染色法染色的皮肤，在显微镜下就好像一幅美丽的图画。璐璐可以看到表皮、真皮、皮下组织、毛囊和汗腺等。各种大小、各种形态的细胞把她带进一个充满魅力的迷人世界。璐璐不时发出感叹，原来人体就是由这样一个个不同的细胞组成的。同一天，不少璐璐幼儿园的小朋友也来到中心，他们好像只是换了个活动地方。所有小朋友以及父母一起吃午饭，一起喝下午茶。4月的中心绿草茵茵，报春花、樱花、兰花、杜鹃花……各种花草争奇斗艳，璐璐和小朋友在庭院的草坪上玩得特别开心。

每年的这一天，璐璐都要跟我去上班。我一般都会满足她的要求。**我深深地体会到，父母带孩子上班对孩子来说，不仅意味着有趣，也有着潜移默化的教育作用。这种教育在孩子的人生成长过程中，有着无法估量的影响**。我的妈妈是小学老师，爸爸是中学老师，我和我的姐妹们从小住在学校的宿舍里。宿舍就在校园里，住宿舍就像天天跟着父母上班。耳濡目染，我们体会到教育的神圣，以及学生、家长和社会对老师的尊重，因此我们姐妹几个包括我自己长大后都从事与教育相关的工作。

我相信我的工作对璐璐有很大影响。璐璐上了中学，参加奥林匹克科学团，她喜欢人体解剖学、人体生理学、法医学等与医学科学相关的竞赛项目。每年暑假，她都主动要求到中心来做实验，从事科学研究。报考大学时，她对自己要选择什么专业、从事什么职业已经基本明确。她想从事与生命科学相关的研究，她想为人类的医学事业做出贡献。

记得我自己上大学之前，我和我的多数同学对填报志愿这件事都颇为盲目。我和我的同学，甚至我们的家长、老师对各个学校、各种各样的专业都不了解。我们不知道各个专业到底是什么意思、社会上各种职业到底意味着怎样的工作状态，更不知道各种职业具有怎样的前景。我们只是在高考分数出来之后的短短几天里和家长讨论一下，就随便选报了几个学校。由于我们对所选专业缺乏近距离的接触和了解，所以选到自己不喜欢的专业的人非常多。

相比之下，璐璐接受的教育能够开阔她的眼界，让她尽早与社会接轨。这里的孩子，多数从小接触各种职业，中小学校会邀请各行各业的人到学校现身说法（被邀请的人通常是家长志愿者）。每年学校都会给每个学生家长发邀请信，告知哪一天是学校的"职业生涯教育日"，邀请他们到学校，给孩子介绍各自的工作。不论工作贵贱、职位高低，家长都可以报名参加。我知道被璐璐的学校邀请来开展讲座的有教授、医生、护士、律师、计算机专业人员、推销员、消防员、警察、运动员、作家，还有自己开公司的商人等。家长向学生介绍他们做什么、工作环境怎么样、他们的工作对社会有什么影响、他们如何获得这个工作、他们为什么喜欢或者不喜欢这个工作。学校也会组织学生到一些工作场所参观，让学生了解各种工作到底是什么样子的。这样，学生从小可以认识、培养自己的兴趣，将来择业时就不会那么盲目。到了高中，职业生涯活动更是重要的项目，学校常常邀请来自各行各业的学生家长到学校和学生交流，各所大学也常常派代表到高中介绍各自大学的专业情况。

所以，大多数美国高中生报考大学时，都已经有自己初定的职业目标。

14

参加课外活动：
培养爱和社会担当

  课外活动是基石。参加课外活动时一定要选自己喜欢、感兴趣的，还要有目标感，要参加能展现或者发展个人才能的活动，并争取取得一定成绩。

  孩子在刚出发时，需要父母指示方向。孩子在旅途中，需要父母给予鼓励和支持。

璐璐上中学后，在学校接触到了丰富多彩的课外活动，有艺术的、音乐的、体育的、科学的，以及各种各样的俱乐部。孩子一般可以在这么多活动中找到自己喜欢的事情去做。课外活动是基石，参加活动可以提高孩子的素养，培养他们的社会活动能力，也能够让孩子在做事的过程中学习并挖掘自己的潜力。然而，参加活动需要占用孩子的学习时间和家长的接送时间。我们建议璐璐选择性地参加一些活动，强调必须选择真心喜欢的，并要坚持参加、积极主动参加，不要只是凑热闹。我认为，**参加课外活动时一定要选自己喜欢的、感兴趣的，还要有目标感，要参加能展现或者发展个人才能的活动，并争取取得一定成绩**。当然，在她不能肯定是否喜欢某一项活动时，我们不会反对她尝试着参加。

刚上初中的璐璐，实际上并不太了解各种活动的内涵，也不知道自己喜欢什么。她征求我们的意见。我们认为，她从小就弹钢琴、拉小提琴，可以参加学校的管弦乐队。她数学学得好，喜欢阅读，也喜欢动手，可以参加奥林匹克科学团，等等。璐璐听从我们的建议，参加了学校的管弦乐队和奥林匹克科学团。

学校的管弦乐队只需要1～2人弹钢琴，当然钢琴弹得最好的人才能成为小钢琴家。璐璐的钢琴弹得不怎么样，她只能当小提琴手。小提琴手可以有很多人，水平的高低只决定在乐队里排列位置的前后。后来，璐璐觉得自己更喜欢拉小提琴，决定停练钢琴，用更多时间练小提琴。我们尊重并支持她的选择。遇到类似这样的事情时，父母没必要把自己的意愿强加给孩子，孩子应该有权选择自己喜欢的。随心而行，潜力才能够正常发挥。我后来发现，璐璐放弃钢琴，专心练小提琴是一个明智的决定。一个人的时间、精力有限，有取有舍，才能集中精力培养真正的兴趣爱好。

上了高中，璐璐决定放弃参加学校的管弦乐队，转而加入学校的小音乐家义演团。虽然两者都由爱好音乐的学生组成，但学校的管弦乐队由学校老师组织，而小音乐家义演团由学生自己组织，是一个小型的管弦乐队，同样有弹钢琴的，拉小提琴、大提琴的，吹号的，打鼓的，等等。参加学校管弦乐队的好处是有专业老师的指导，参加小音乐家义演团的好处是比较自由，学生可以自己编排节目、练习节目、安排演出。璐璐喜欢自由发挥，不喜欢受束缚，所以她选择后者。经过几年时间的训练，璐璐的小提琴已经拉得很好。她每次都积极参加活动，到高三时被选为小音乐家义演团的团长，有更多的机会发挥自己的能力和表现自己。璐璐带领队员们每个月到老年中心、慈善机构等地方做义务演出1~2次。她在接受当地报刊《蒙哥马利太阳报》的采访时说，她相信，音乐能够给这些社区带去爱和欢乐。璐璐成为小音乐家义演团的团长，说明她不只是凑热闹，她是积极参与者，她有号召力，有领导才能。作为团长，她必须组织团员编排节目、练习节目、联系演出地点。美国很多大学都喜欢有领导能力的学生，因为成为领队的学生，大多是才能和努力都得到同学及老师认可的学生。

小音乐家义演团的排演，常常在我家进行，因此我经常可以免费欣赏乐队表演。演出通常由20多个高一至高三年级的学生联合完成。璐璐和其他2~3个高年级学生当指挥。其他学生在合演前都已经各自在家里练好曲子，所以合奏很快就能够协调。他们的音乐技巧不一定在专业水平上，但有一点可以肯定，他们演奏起来都情真意切，融入了自己的情感，至少能够让我感动。乐团的和谐令我敬佩不已。他们有合唱、独奏、小组合奏等节目，每次演出时，节目都丰富多彩，总能令我叹服。

下面是璐璐写的关于她退出管弦乐队的作文：

> 我曾经不费吹灰之力在管弦乐队中占有一个耀眼的位置，并赢得了一个金奖奖杯。如果生活是一个童话故事，那这段经历会大大提高我的总成绩并让我进入一所理想大学，甚至就读莱斯大学或贝勒大学这样著名的医学联合课程。我的上学之路会变得平坦而幸福，但事情并不是这样的。

我退出了乐队，因为我意识到我应该为自己真正喜欢做的事情投入更多的时间和更多的精力。虽然我的朋友和家人都认为在管弦乐队当小提琴手为我带来的荣誉对申请理想大学会有很大的帮助，但是我认为我的小提琴只属于我自己。

虽然我退出了乐队，但我没有放弃小提琴。我曾经担心退出乐队会降低我对小提琴的热情，但现在我有信心，我相信自己对小提琴的热爱是真实的。这种真实的热爱会让我在一个没有外界压力的环境下也可以继续前进。我退出乐队的结果是，它让我成为更优秀的小提琴手。演奏时我更关注音乐的美感，而非高难度的歌曲或手法。退出乐队，让我更了解自己为什么比别人更喜欢小提琴。手指上的厚茧按压着熟悉的琴弦，简单的旋律表达着复杂的情感。我欣赏音乐，因为通过一代又一代人的努力，撰写乐谱，研究和声，解读节奏，最终使它成为惊人的、真正通用于全球的语言。

离开乐队以后，我常常怀念与其他乐手一起演奏的时光。于是我加入了一个为高龄居民和其他慈善团体义演的乐队，我和他们共享音乐带来的喜悦及安慰。相比于对着领工资、天天听着同一首曲子、表情严肃的考官的表演，这种义演的感觉截然不同。这是一种新的感受，或者说是心的感受。

我做事情，并不在意得失，因为我敢冒险。以前，我并没有真正喜欢小提琴，但是现在，小提琴是我自己真正喜欢的。

当初，我因为璐璐失去学校音乐老师的指导而感到有点儿遗憾。后来，璐璐成为小音乐家义演团的团长，从与她的对话和她的作文中我了解到，她在这个过程中学到了不少东西。我深深地体会到，家长不应该过多干预孩子的选择。事实证明，我们帮璐璐选择奥林匹克科学团是正确的。她很喜欢这个团队，从初中到高中，她一直都积极参加。她参加过区级的、州级的比赛。对于每次比赛，她总是全身心投入，几年下来，获得了20多枚奖牌。

上高中时，璐璐还主动加入科学碗。科学碗是学校为爱好科学的学生组织的团体，类似奥林匹克科学团，是一个以科学竞赛为目的的组织，竞赛项目有数学、物理、化学、生物、地理和科学。璐璐由于竞赛成绩突出，在高三时成为科学碗的领队，领导才能又得到了肯定。璐璐经常带小朋友到家里来做竞赛练习。他们总是自觉努力练习，从不贪玩。可以看出，他们是自己喜欢科学才加入这个组织的，而不是父母要求他们加入的。

璐璐还报名参加了学校的跳水队。虽然她跳得不错，但是她在跳水上并没有取得重大成绩，这并不是她不够努力，而是一些活动的确需要天赋。所以，人有时候需要扬长避短。美国民意调查创始人乔治·盖洛普创立了心理学独特的优势理论。

我特别喜欢盖洛普"鸭子上树"的比喻。鸭子擅长游泳,但爬树不是鸭子的强项。让鸭子学习爬树,费力不讨好。不过璐璐真心喜欢跳水。她申请大学的小作文写的就是跳水——她最喜欢的一个活动,跳水让她放松,让她奋发向上。在跳台上有高高在上的良好感觉,一瞬间落水下沉,再次浮出水面,这个过程让她认识到人生的沉浮也不过如此。所以,她参加跳水,既能锻炼身体,又让跳水变成她绝佳的作文命题,这当然也是好事。

有些人参加学校活动或者做义工,是为了一时的好玩或为自己的履历添上亮点,没有用心参与和体验这些活动的过程,这样做事的意义就大打折扣了,但璐璐不是。她必须是真心喜欢才会去做,所以她总是能全身心投入,把即使不是她强项的每件事情(比如跳水和拉小提琴)也做出点儿成绩来。璐璐真心喜欢音乐,喜欢小提琴。她说音乐跟其他东西不一样,她可以通过音乐表达自己,忘掉自己,让自己全身心地沉浸在音乐里。所以,不管是在高兴的时候还是在不高兴的时候,她都会找机会弹弹钢琴,拉拉小提琴。音乐是很好的精神食粮,是她抒发感情的窗口。

家长总担心孩子在课外活动上花太多时间会耽误学校的学习,我没有这样的担心。孩子一开始可能不大会安排时间,但是通过一段摸索过程,他们能够把事情安排得很有条理。璐璐上高中这几年,即使在准备如SAT考试等期间,也会参加很多活动并乐此不疲。她既没有喊累,也没有耽误学习,这说明她已经学会合理安排和利用时间。

作为父母的我们,能做的就是当好她的"司机"和"佣人",帮助她,接送她参加各种课外活动,到图书馆、老人中心等各种地方表演节目;在家接待她的小朋友,每次都为他们准备一些饮料及小点心。我们应尽自己所能,支持孩子的活动。

孩子在刚出发时,需要父母指示方向。孩子在旅途中,需要父母给予鼓励和支持。

15

竞选"公职"：
成长是一个过程

我们应该帮助孩子提高实力，鼓励孩子凭借自己的能力，为自己创造美好的未来。

孩子的成长都有一个过程，我们无须操之过急。

璐璐上了高中，便开始参加学校学生会干部竞选。学校的学生会成员，每年一选，全都是学生公开投票选举出来的。每次璐璐准备竞选演讲稿、印发竞选传单的时候，我便想起美国总统竞选。在美国这个国家，国民的选举意识贯穿于整个教育过程。

幸运的是，璐璐学习认真，为人正直，在学校人缘好，颇受同学尊重。所以，她从高一起，连续3年都被推选为学生会成员。学生会由8个成员组成，分别是会长、副会长、学区教育董事会学生代表、慈善机构委员、人权委员、特别计划委员、财务委员和秘书。璐璐是教育董事会学生代表。这里的教育董事会，除了要召开自身的行政会议外，还要每2周举办1次公开会议。公开会议是向所有居民开放的，主要讨论学校教育相关事情以及学校各个决议。任何居民都可以旁听，可以发表评论，提出建议。许多真正关心学校教育的家长或社会人士，经常到会发表有益于学校教育的意见。会议的气氛经常是温和、友善的，大家群策群力，但有时也有针锋相对、寸步不让的激烈辩论。除了提出批评、建议的，偶尔也会有一些故意找碴的，但是大家总的目的都是让学校更好地发展。

　　作为教育董事会学生代表，璐璐的任务是参加每2周1次的董事会公开会议，汇报学校活动，反映学生要求，然后把教育局的讨论结果带回给学生。每次参加会议，我都要接送璐璐，所以我顺便参加所有会议。璐璐同教育局局长、董事会会长和委员们一起坐在前台，我坐在台下的旁听居民中间。

　　璐璐从小就是一个害羞的女孩，一个孩子坐在一群大人中间，那种不自在，我很能理解。开始时，每次轮到她发言，她的声音都很小，发言时间短、内容简单，没讲三两句话便结束了。这些都在我的意料之中。面对一个个"能说会道"的美国人，我曾经一度为她是否适合这个工作感到担忧。然而，我认为越是不擅长在公众场合说话，越需要锻炼。只要她不言退，我一定不会为她打退堂鼓。我从来没有批评过她，每次总建议她说话可以大声点儿，或者靠近麦克风。董事会公开会议全程录像，每家每户都可以从电视里看到会议的全过程。每次会议结束，回到家后，我会评价每个发言的人，和她讨论每个人发言的优点与缺点，包括发言的声音、内容、举止和神态。我们一起欣赏令人叹服的发言，一起模仿滑稽的神态动作。我希望璐璐能从这些人的发言中，找到她可以借鉴的地方，从而去体会、去学习。

　　不知从何时起，璐璐说话的声音变大了，她也常常参与讨论各种事情，发表她的观点。她向委员们提出问题，也会回答委员及居民的提问。看着曾经在我怀里撒娇的害羞小女孩成长为一个能为学生、为学校争取权益的小大人,我心中无限感慨。

有一天晚上,董事会公开会议讨论学校的各项计划及实现这些计划需要的费用。谈到初中生的课外活动缺乏经费时,璐璐大胆发言,说她有一个好主意。她讲述了自己在初中时参加奥林匹克科学竞赛小组,上高中后继续参加这个活动并经常被邀请到初中学校帮助初中生准备竞赛这一经历。她认为初中生很喜欢她,她也很享受这个过程,似乎找到了自己的"用武之地"。她觉得这个经历对她的领导才能的发展及成为高中科学碗的领队有很大帮助。璐璐认为,现在很多高中生为了锻炼自己的领导才能,让自己在大学申请中脱颖而出,会创办各种各样的小组活动。但是因为学校里有太多这类活动,所以往往参加人数并不多,活动效果也不好。璐璐提出了一个建议,可以让高中生到初中学校建立课外兴趣小组,这样做既锻炼了高中生的能力,也解决了初中生缺乏课外活动经费的难题。璐璐像一个成熟的大人,清晰、有条理地陈述自己的意见。在场的人被她折服,为她鼓掌。她的发言得到所有居民和董事会成员的积极响应,我也为她感到骄傲和自豪。

正是在那一时刻,我真正感到我这3年的付出非常值得。我见证了她的成长,每一天、每一步都有所不同。她从一个不敢讲话的小女孩,锻炼成一个落落大方的小大人。我想说的是,对于孩子,我们不要抱有成见,不要一下子持否定态度,应该正面支持、鼓励他们的发展。**我们不需要把自己的意愿强加给**

他们，也不能急于求成。"揠苗助长"从来都不是正确的教育方法，孩子的成长应该是一个水到渠成的自然过程。

然而，顺其自然不等于听天由命，坐享其成。我们要主动想办法帮助孩子。我的一位大学同学的独生子，是一个害羞、安静的男孩。在高二假期的时候，他父亲把他送到我们大学的实验室实习。每天，这个男孩都跟实验室的大学生、研究生一起学习、做实验。有一次这个男孩见到我们，高兴得不得了，想不到2个月时间，他发生了明显的变化，变得开朗、独立、成熟、懂事。古语"孟母三迁""近朱者赤，近墨者黑"，都说明环境对孩子的影响是十分大的，所以家长能做的就是为孩子创造条件，让孩子拥有更多的机会去成长。这个男孩已于2012年考上美国中部的一所名校。大学第一学期一开始，他便顺利进入一个实验室做研究。他告诉我们，第一次与教授面谈时，教授告诉他，自己从不接受一年级学生在他的实验室做研究。但这一次，教授却破例接收了他。

我在中国有位朋友的朋友，他想送孩子到美国留学。他怕儿子考不好TOEFL（托福，英语能力考试）、GRE（美国研究生入学考试）等考试，问能不能花些钱打通关系。英语里有两句话："Give the cat a fish, he will eat a day"和"Teach him how to fish, he will eat for his whole life"。这和中国"授人以鱼不如授人以渔"的说法是一样的。我觉得送孩子到外国留学，让他们开阔眼界，是很好的想法，但靠花些钱打通关系的做法并不可取。我劝他把钱用在帮孩子报读英语补习班上，让孩子学好英语。因为留学的目的不只是留学，孩子需要有一定的英语基础，才能达到学习知识、学习技术、了解美国社会的留学目的。我们应该帮助孩子提高实力，鼓励孩子凭自己的能力，为自己创造美好的未来。

总之，**孩子的成长都有一个过程，我们无须操之过急。**

16

开启寻根之旅：
敢于放手

孩子的可塑性是无限的，我们需要给他们提供展示才华的机会。

美国是一个移民国家，每所学校都注意尊重各个学生所属国家的文化和习惯。学校总是鼓励学生学习并和同学分享自己祖国的文化。璐璐所在的蒙哥马利主教高中有一个国际俱乐部，俱乐部每年为本校学生提供国际旅行奖学金。发放奖学金的目的是鼓励学生探访自己的国家，了解自己祖国的文化，回来后与同学分享。

2010年，上九年级（15岁）的璐璐提议她要到中国寻根，了解中国，学习中国文化，要帮助中国的小朋友学英语。她的申请作文很有说服力，因此她的旅行计划得到认可，获得了这个奖学金。璐璐兴高采烈。然而高兴之余，她和我们一样感到为难。第一，璐璐从来没有一个人出过门，她的爸爸和我都没有时间陪她回中国。第二，美国新泽西州到中国广州（我们的老家）没有直达航班，必须在中国香港或其他地方转机，璐璐的汉语不好，对中国广州和中国香港也不熟悉。第三，奖学金很少，远远不够往返机票。

璐璐胆怯了，不大乐意一个人回中国，而且她也舍不得我们花那么多钱,她想放弃。我们对她自己一个人回国也不放心。不过我们认为这是让她学会独立,锻炼她胆量和能力的好机会。得到这个荣誉不容易,我们应该支持她、帮助她。于是我们鼓励她前往中国,我们想让她知道,只要想办法,困难总是可以克服的。

其实,让她一个人回国的主要问题,归根结底就是安全问题。我们和她一起探讨每个细节,研究出行方案,确保她顺利回国。同时,我们也对她进行安全教育,让她学会照顾自己,保护自己。我们请朋友到中国香港机场接机,还帮她报名参加我的母校中山大学的海外校友子女夏令营以及中国青少年寻根之旅。我们希望她能够完成计划。

我认为,放手不是冒险。孩子迟早必须独立,总有一天,她必须独自旅行。如果家长总是担心孩子出意外,总是将孩子保护得严严实实的,生怕孩子摔跤,那他长大后遇到什么事,可能就真的没有能力和勇气去应对。让孩子尽早经历种种锻炼机会,学会防范各种危险,也许是更正确的选择。

最后,璐璐安全到达广州,在中山大学海外校友子女夏令营与中山大学的大学生以及校友子女进行交流。他们一起参加活动,学习中国文化,游览广州的著名景点。最后,他们和参加中国青少年寻根之旅的几千名来自全世界各地的青少年会聚于北京,参观北京故宫,畅游万里长城。他们还在人民大会堂受到习近平主席(当时是国家副主席)的接见。在家乡,她姨妈帮她组织了一些小朋友,让她教授英语。孩子们都很喜欢这个小英语老师。璐璐和这些学生成了朋友。璐璐顺利完成这一旅行计划。通过此行，她的中文有了明显的进步，从此，她更喜欢学习中文。更重要的是，她进一步了解了中国，更热爱中国了。同时，她变得更成熟、更自信。从此之后，我们也放心让她独自旅行。

2011年暑假，我和先生计划回中国2周。璐璐和姐姐旻旻都有她们的暑假计划，不愿意跟我们同往。两姐妹都鼓励我们离开，她们觉得自己长大了，不需要天天跟着我们。亲戚朋友们一听说我们计划要回国，只留下两姐妹，都觉得我们对不住孩子，我也有点儿放心不下。但我又觉得短期的离开对孩子来说并不是坏事。在她们小时候，我们经常因为出差、开会什么的短期离开她们。每一次我们都会安排她们到她们喜欢的小朋友家里，所以她们每次都是高高兴兴地送我们离开，又高高兴兴地欢迎我们回来。每一次再见到她们，我们总觉得她们变得更懂事了。

在我们计划要离开美国之前，璐璐便很认真地学习做几种她爱吃的东西：葱油煎饼、日本凉面（素面）、猪肉炒大葱、煎鱼等，还学习洗衣服、打扫卫生（吸尘）、给花草浇水。旻旻的烹饪水平已经很高了，她会做各种各样的菜式，以及各国料理。墨西哥的、意大利的、日本的，当然还有中国的，她都会做一些。在我们离开的前1周，她们列好了2周的菜谱，然后跟我们去超市采购。我觉得每次我忙碌的时候，她们便成长许多；或者我偷懒的时候，她们也能学会很多东西。比如，早上我不想早起，她们便会自己煎荷包蛋，做水煮鸡蛋，用微波炉蒸鸡蛋。许多家长总是觉得孩子小，这不行，那不行。**实际上，我们必须相信孩子的可塑性是无限的，我们需要给他们提供展示才华的机会。**

我和先生顺利地到达中国，又顺利地返回美国。我们高兴地看到两个孩子更自信、更独立了，也更相信我们不需要为孩子包办所有事情。在合适的时候，我们应该放手，信任孩子，让孩子独自飞翔。

17

独立筹款：
理智应对"叛逆"

叛逆，代表孩子想独立。我们要尊重叛逆期的孩子，但是既不能强行让孩子接受父母的意见，也不能一味地顺从他们。在适当的时候，我们要提醒他们，世界并不只有美好，事情也不总是一帆风顺的。

十几岁的孩子，正处于生理和心理发育期，其独立意识和自我意识日益增强，因此这个时期也叫叛逆期。青少年的叛逆也是人生成长过程中的一部分。其实，这个时期的孩子，只想证明自己已经长大，证明自己有独立的能力，应该和大人有平等的地位。所以，叛逆期的孩子最主要的表现是不服束缚和限制。如果我们支持他们，肯定他们，相信他们，他们就不会反抗，不会叛逆。我们一直支持和信任璐璐所做的一切，所以璐璐很少和我们对着干，她的叛逆也不大明显。相反地，她在做很多事情前都会告诉我们，和我们商量，我觉得自己也给她出了不少好主意，所以她才会一直和我讨论她想做的事情，征求我的意见。

2012年9月的一天，她同我谈论时任蒙哥马利教育局局长的林木先生邀请他们的学生会做筹款活动。因为林木先生和他的工程师团体成员想通过筹款在尼泊尔创立一所学校。璐璐问我值不值得去做这件事，问我能不能帮她出主意。

我知道璐璐那段时间很忙，除了忙学校学生会的事情，她还是小音乐家义演团的团长，每周必须寻找合适的练习曲，组织乐队练习，联系表演单位，而且她还要忙于选择适合自己的大学，忙于写申请大学的材料，等等。我认为这个筹款活动对她申请大学及以后的职业生涯不会有太大帮助，而且她不可能筹到很多资金，所以我说我不会帮她出主意，也劝她不要浪费时间。

没想到璐璐对我的回答大失所望。她很生气，说以后什么事情都不告诉我了。她觉得我小看她了，认为她没有能力做好这件事。她也对我只关心申请大学的事反感。她觉得如果自己认真去做，或许可以申请到纽约大学用于慈善的种子基金。这件事让我反省了很长时间。实际上，我不该急着否定她，应该像以前一样，问她自己想不想去做这件事，为什么想或者为什么不想，引导她去思考、权衡利弊，让她自己得出结论，把决定权交给她。因为她想申请种子基金的想法，我是不清楚的；她有什么办法可以筹到资金，我也不知道。

筹款活动，在美国如家常便饭。从幼儿园、小学、中学、大学，到总统选举，几乎所有机构每年都有各种各样的筹款活动。璐璐的学生会常常举办筹款活动，卖花、卖曲奇饼干、卖蛋糕、卖饮料、包装礼物、办舞会，等等。学校通常把筹到的资金作为学生活动的费用。许多地方把一个人的筹款能力作为竞争力的标志，也就是说，不能做筹款活动或者不能筹到资金的人缺乏竞争力。实际上，美国总统竞选也是如此。竞选总统时所筹资金的多少，往往关系到选举的最后成败。所以，当你看到"×××今年要竞选总统,已经筹到×××资金"时,不要觉得奇怪,它在告诉你×××的竞争力。

璐璐没有听我的劝告,她不需要我的主意。她和她的朋友们忙碌了一阵子,组织了一场音乐会和一场舞会。出乎我意料的是,他们居然通过销售门票和捐款筹到2000多美元。

实际上,世界上没有绝对的好事,也没有绝对的坏事。只要脚踏实地,凭自己的努力做好每一件事情,就能水到渠成,成为最后成功和快乐的人。

我意识到,孩子长大了,他们开始有自己的想法。这不是叛逆行为,这代表孩子想独立。我们不能永远帮他们出主意。作为父母的我们应该支持他们,让他们凭自己的感觉走自己的路。毕竟最了解他们的是他们自己,路需要他们自己去走。虽然我们可以在关键时候为他们指个方向,但如何到达目的地,是快跑还是慢走,是乘车还是坐船,这就要看孩子自己了。

我相信,只要是孩子自己的决定,他们便会自己想方设法地去克服困难。失败是最好的老师,即使失败了,他们也能从中吸取教训。很多家长都想把自己的经验告诉孩子,让他们避免失败。这是无可厚非的。但事实上,失败是成功之母,没有经历过挫折与失败带来的沮丧,又怎能知道成功的快乐呢?**让孩子去碰碰壁并不总是坏事,重要的是,要让孩子在碰壁之后能够自己重新振作起来。**

处于叛逆期的孩子,往往比较敏感,容易觉得"别人认为自己什么都不懂,什么都不会",所以他们必须向外界证明自己

"什么都懂，什么都会"。我们大人能做的最好是耐心讲理。有一次，璐璐想做一张音乐CD。她问我要一张空白的CD。碰巧家里没有空白的CD，只有DVD。她要了一张DVD，想用它代替CD。我告诉她那是不一样的东西，她说她知道，但是她要试试，还说不试试怎么知道不行呢。然后，她告诉我，电脑显示要2个多小时。凭我的经验，我认为这是行不通的。因为刻一张光盘，正常只需10分钟左右。她也应该知道。于是我直截了当地告诉了她。她满脸不高兴，还讽刺说："谢谢您的支持。"我说："我可以说一些让你高兴的话，告诉你，你很聪明，会变魔法。但是2小时后，你会发现这是行不通的，迟早要想别的办法。我现在跟你说实话，是让你可以提早有思想准备，不需要等到最后手忙脚乱。"

　　每一件生活中的小事情都可能成为有教育意义的大事件，都可以用来对孩子进行启发教育。父母应该在细节处用心，让每天遇到的一些小事，成为帮助孩子成长的点滴。**我们要尊重叛逆期的孩子，既不能强行让孩子接受父母的意见，也不能一味地顺从他们。在适当的时候，我们要提醒他们，世界并不只有美好，事情也不总是一帆风顺的。**

18

荣誉课程风波：
学会解决问题

大人总以为孩子不懂事，实际上，更多时候是大人不懂孩子。孩子自己能做很多事情，其身上也有很多闪光点值得家长学习。

哈佛大学把学会解决问题列为人的20个快乐习惯之一。在生活中，人们总会遇到各种各样的挑战。一个会解决问题的人，有直面挑战的能力，有战胜困难的自信，在生活中也会因此拥有更多快乐。

美国中学生除了在学校学习必修课程之外，还有各种各样的校外课程，甚至大学课程。新泽西州、纽约州和康涅狄格州的学生有机会参加的最著名的大学课程要数哥伦比亚大学科学荣誉课程。哥伦比亚大学，简称哥大，主校园位于美国纽约市曼哈顿，濒临哈德逊河，在中央公园北面，是美国最古老的五所大学之一。哥大是美国最早进行通才教育的本科生院校，至今仍保持着美国大学中最严格的核心课程，其研究生院更是以卓越的学术成就而闻名世界。哥大的科学荣誉课程，是哥大为住在纽约州、新泽西州与康涅狄格州热爱科学的优秀高中生提供的周末免费课程。上课时间是每个星期六上午10点到12点半。该课程已有几十年历史，有30多门课，涉及数学、物理、化学、计算机、生物学、神经科学等，介绍各种学科的最新科学技术与进展。学生可以选择学习个人喜欢的科目,其目的是增强学生对科学的兴趣。参加该课程的学生都是经过严格筛选的,学生必须自己提出申请,说明自己为什么要参加这门课程,这门课程对自己有什么帮助;而且要提交学校成绩单、老师的推荐信,还要通过考试。

璐璐上高中后,从高年级的同学那儿知道有这么一门课程。她征得我们同意后,便向课程组提出申请。她有幸被选中,并从高二的9月起开始学习该课程。每个星期六,我们和其他家长拼车轮流送她和她的几个同学到火车站,让他们一起坐火车到哥大上课。虽然路途遥远,单程要花2小时,但是她很喜欢这门课程,不仅因为课程有趣新颖,有深度和广度,而且授课的多是哥大的研究生、教授或科学家,讲课都很有水平。在哥大,她可以参观世界上有名的实验室,那里的老师和设备都是世界一流的。那里还有许多来自其他学校,和她一样勤奋好学、志同道合的学生,他们有许多共同语言,可以成为很好的朋友。另外,她和朋友们还常常会在下课后奖赏自己,到不同的小摊位品尝不同国家的风味食品,体验纽约的大都市生活。所以,通过参加这门课程,她不仅学到了知识,开阔了眼界,还结交了很多好朋友。总之,她特别喜欢每个星期六。

高三的9月,这门课程又要开始了。她天天查收邮箱,惦记着邀请她参加这门课程的信件。1天、2天、3天过去了,9月10日至9月11日期间,她的朋友们都收到了邀请信,她却没有。我也没有多想,想是邮件寄迟了或者寄丢了。9月13日,我们还是没有收到邀请信。我让她打电话或写邮件到课程组询问。没想到9月15日，我们收到了课程组的来信。信中说学生在每个学期只能有4次缺课，而璐璐缺课了5次，所以她没有资格再参加这门课程。璐璐失望地哭了。她确信她只缺席了4次课，但她不知道怎么证明。我相信她能证明，因为每次上课她都会做笔记，另外，老师上课应该有出勤记录，否则怎么知道她缺课5次呢。所以，我鼓励她给课程组的老师写信说明原因，告诉他们可能只是搞错了。

　　晚上吃饭时，璐璐依旧为这件事感到伤心，我说这只是一件小事，以后生活中还会有更多、更大的事发生。我的意思是，不值得为这件小事伤心。谁知道璐璐听完后更生气、更伤心了。后来璐璐告诉我，她认为我说的都是废话，对她一点儿帮助也没有。这就像有个人得了肿瘤，医生告诉他，这只是一个小肿瘤，他以后还会得更多、更大的肿瘤。这位患者听完后肯定会觉得这不是安慰。璐璐说得有道理。当时我没有恰当地表达自己，所以我向她道歉。

　　我很喜欢璐璐这一点，她会告诉我她喜欢的、不喜欢的，还有她的想法和看法，所以我们经常能很好地交流。从她身上，我学到了不少东西。我意识到以前我也对老大旻旻做过同样的事情。记得旻旻上初三时，她朋友的朋友的父亲去世了。她很伤心，当时我没有安慰她，反而说了让她觉得伤心的话。为此，旻旻耿耿于怀，之后她什么事都不告诉我了。对于大人来说，这或许是一件小事，但对于第一次见到这种事情的孩子来说，这就不是小事了。有心理学专家指出，大人看到的世界和孩子看到的是不同的。回想起来，当时我应该帮她想办法去安慰这位朋友。孩子碰到困难时，需要我们大人提供的是理解和帮助，而不是批评和指责。我们要让孩子知道，我们需要的是解决问题的办法。

随着现代生活水平的提高，美国孩子和中国孩子都面临着同样的问题，那就是较少有机会面对困难和失败，因此懂得如何解决问题就显得更重要了。克服困难，不能仅凭钢铁般的意志，淡定的心态和朴实的生活技巧非常重要。

大人总以为孩子不懂事，实际上，更多时候是大人不懂孩子。孩子自己能做很多事情，其身上也有很多闪光点值得家长学习。

9月22日是哥大科学荣誉课程新学期的第一次课。璐璐虽然没有资格参加，但还是去了，因为她想亲自向老师说明原因。我们支持她，照样送她和朋友们一起坐火车到纽约。后来，老师确认她的确只缺了4次课，于是同意她继续参加该课程，安排她进入新的班。我可以想象璐璐通过自己的努力，解决问题后的满足感和成功感。这件事也一定增强了她对生活的乐观和自信，以及面对困难的力量和勇气。那天下课后，她还和朋友们到中央公园玩，穿着我们送给她的新裙子，在纽约度过了快乐的一天，最后高高兴兴地回家了。

在孩子遇到困难的时候，不直接帮助他解决，让他自己先想办法找出解决方案，才能锻炼孩子养成自己解决问题的习惯。

孩子也能从这些过程中得到自信。

璐璐被普林斯顿大学录取后仍坚持参加哥大的科学荣誉课程,她选的课程是粒子物理。我和她开玩笑:"学这东西有什么用啊?"她说:"学这东西,真的没有用,对考试不会有帮助,对生活不会有帮助。我一辈子可能都不会用上这东西。但是,它很好玩,我就是喜欢。"多么熟悉的回答。如果哪一天她成了物理学家,我可能不会感到奇怪。粒子物理,对很多人来说可能是没意义的课程,但是它也许能够提高一个人的想象力,也许有一天能成为作文的素材。这大概就是所谓的无用知识的有用性。知识可以直接应用,也可以间接应用。

美国苹果公司联合创始人史蒂夫·乔布斯曾经在斯坦福大学毕业典礼上讲了一个他自己的故事。他当年在大学一年级辍学后并没有离开学校,而是旁听了一些自己感兴趣的课程,其中一门是美术字课。这在当时看来是完全无用的课。但在10年后,当他开始设计电脑上的可变字体时,这门美术字课给了他灵感。乔布斯说:"如果我当年没有去上这门美术字课,苹果电脑上就不会有这么漂亮的独创字体。"

耶鲁大学第22任校长理查德·莱文是美国常青藤联盟学校中任职时间最长的校长,被公认为美国高等教育的领导者之一。我读过他的一本演讲集《大学的工作》。他讲到一个观点:对大学,尤其是优质的大学教育来说,如果本科4年,我们仅仅把学生训练成一个在某领域的所谓的专才,那么我们的大学教育就失败了。我们应该侧重于跨专业的所谓的通识教育。他认为，专业的知识和技能，是学生根据自己的意愿，在大学毕业后才需要去学习和掌握的东西，那不是耶鲁大学教育的任务。理查德·莱文还说，本科教育的核心是通识，是培养学生批判性独立思考的能力，并为其终身学习打下基础。通识教育的英文是liberal education，即自由教育，是对心灵的自由滋养，是自由的精神、公民的责任、远大的志向，即自由地发挥个人潜能，自由地选择学习方向，不为功利所累，为生命的成长确定方向，为社会、为人类的进步做出贡献。

在美国的多数大学，每个学生通常必须修满定量的自然科学、社会科学和艺术课程才能毕业，因为这3个领域构成一个人知识系统的基本部分。哈佛大学有8门公开课：生命科学、物理和宇宙、世界与社会、时政与数理、文化与信仰、美学、国际伦理、美国与世界。这些课程，对多数人来说可能用不上。但是，据说这些课程很受欢迎。所以，我认为，不管是否用得上，有空的时候多学习一些东西，总有好处。知识的精深和广博不会互相矛盾，反而可以让人触类旁通。

19

SAT 满分的喜悦：
等待和希望

我们只需要为孩子创造环境，提供条件，帮助孩子发展。做任何事情，都不会有所谓的太快或者太慢。

2012年3月28日（星期四）晚上回到家，璐璐一脸兴奋地告诉我："妈妈，好消息，我的SAT得了满分。"我简直不敢相信，她的SAT竟然得了满分。

SAT是由美国大学委员会组织的，美国大学入学的标准考试，成绩被多数大学接受并认可，是大学决定录取和评定奖学金的重要参考指标。SAT考试内容分为两部分。一部分是通用考试——推理测验，包括阅读、写作和数学，通称SAT。另一部分是单科考试，即专项测验，有数学、物理、化学、生物、外语（汉语、日语、德语、法语、西班牙语）等，统称SAT II。每年有7次SAT考试，高中生（九至十二年级）随时可以报考SAT或SAT II，也可以报考多次，但是最迟必须在上十二年级那年的10月之前考完，这样才能在12月之前报考大学。

从2011年10月开始，璐璐的同学中陆续有人完成考试。每一次听到某某某考完试了，璐璐就有点儿着急。我们没有催促她考试，我们认为快考、慢考都没有关系。事实上，有的人匆忙参加考试，考不好还得重新考，越考越紧张，还不如准备充分，一次性考个好分数。统计数据表明，考2次以上的考生，很少会考满分。这项考试不是比谁考得早，而是比谁考得好。谁笑到最后，谁笑得最好。每次她提起这些事情，我总是让她稳住，给她列举了许多"欲速则不达"的例子。璐璐根据自己在学校的学习进展及活动情况，决定参加3月10日的考试，这样时间比较充裕，进程安排也比较合理。如果成绩不理想，还可以在6月2日再考一次。我们支持她的决定。

我认为参加这些考试，最好不要超过3次。1次失误，情有可原；2次失误，也可理解；多次失误，便说不过去了。虽然失误了可以重考，但是千万不要把多次考试作为提高分数的途径。考试分数基本上反映一个人的知识水平，超常发挥的概率并不大，而且很多大学并不喜欢为了考试而考试的学生。

每个考生在考试前总得做许多练习题，璐璐也不例外。有人还参加SAT的补习班。这类补习班对某些人会有帮助，但不是对所有人都有帮助。我们没有要求璐璐参加补习班，希望她能凭自己的实力考好。SAT的计分方式与中国考试的不大一样，有点儿类似于中国以前使用的标准分模式，是按照原始分数在整体的相对位置上重新计算出来的。因此，考满分不等于答对所有考题，只能说明你属于最好的百分之一。据说每次考试，全美国大约有20人能够得满分。所以，有人说，考试的时候要讲究策略，避免与高年级的考生或聪明的考生一起考，等等。实际上，关键还在于自己要扎实掌握基础知识。璐璐每次做完模拟考题，得分总在2200～2400分（当时满分为2400分，现在满分为1600分),很稳定。这一次她得满分,虽是意料之外,但也在情理之中。

虽然美国大学录取学生是需要综合评估的,并不只看SAT分数,但是SAT作为美国统一标准的考试,是一个比较客观和准确的成绩指标,所以SAT成绩还是很重要的。很多学校甚至会规定录取的SAT最低分数。所以,一定要尽量争取考个好成绩。

璐璐还报考了3门SAT II,分别是数学、化学与美国历史。可喜的是,她都得了满分。璐璐还在高中期间选修了15门先修课程,而且全部得了5分(最高分)。得知璐璐获得SAT好成绩以后,许多朋友都前来讨教帮助孩子学习的经验,特别是那些孩子即将参加SAT的父母。其实,正如古话说的"不积跬步,无以至千里",虽然最后的冲刺是必要的,但日常的学习习惯更重要,需要在平时多积累各种知识。

我们邻居的女儿读七年级,问璐璐如何准备SAT。璐璐说:"其实SAT并不需要这么着急准备,许多人都这么告诉我,九至十年级开始便可以了,我认为这是对的。"

家长不需要给孩子太多的压力,对多数孩子来说,来自自己的压力、来自同学的压力已经够大了,不需要父母唠叨,唠叨多了,适得其反。璐璐说,在她想要学习的时候,她会很认真地学习,效率也高;如果她不想学习,妈妈却逼着她学习,她会很反感,一点儿效果都没有。她说其实她小时候很喜欢钢琴,但是每当妈妈叫她练琴,她反而就不想练了。后来她决定改学小提琴，原因是她认为妈妈应该不喜欢小提琴，所以便不用每天盯着她。她相信自己能控制自己，不需要妈妈逼迫也能学好。后来她果真很自觉地拉小提琴，而且拉得很不错，一点儿也不需要我操心。我很同意璐璐的观点。做父母的总是恨铁不成钢，望子成龙，望女成凤，期望值太高。实际上，这往往会适得其反。我想说的是，**我们只需要为孩子创造环境，提供条件，帮助孩子发展。做任何事情，都不会有所谓的太快或者太慢。**就像把一颗种子埋到地里，要等它生根，等它发芽，等它长叶、开花，再等它结果。并非长得最快的植物就能结出最好的果子。

SAT复习要点：词汇积累可以提前开始，从八至九年级开始就可以，因为词汇积累需要时间，而且这些词汇大多不会在高年级学到。数学最好从九至十年级才开始，因为有些概念要到九至十年级才学。若太早准备SAT，则会有许多问题看不懂，这样会让孩子感到沮丧，失去信心。阅读大概也可以从九至十年级开始准备。写作从十年级开始准备即可。

要想得满分，反复做SAT练习题是不够的，必须学一些SAT以外的知识。璐璐认为先修课程对她帮助很大。就像你上九年级，回头做八年级的试题时会觉得很容易。学了数学先修课程后，做数学SAT，便会觉得容易多了。同样，学习英语先修课程后，做SAT阅读就不会太费劲。

首选普林斯顿大学：
以理服人

有时候，当责怪孩子不听话时，父母是否该反思自己说的是否有道理？实际上，逐渐长大的孩子，大多有主见，知道自己应该做什么，也都会为自己的前途考虑。

让孩子有学习做事的动力，就要培养孩子，让孩子选择自己喜欢做的事情，而不是代替孩子做选择。

考完SAT，接下来最重要的自然是申请大学了。经常有人问璐璐将来想报考哪些大学。璐璐常常说，她最想去的是斯坦福大学，因为这是离家最远的好学校，而且她的学校近年没有人被录取，她想试着挑战一下，打破这个纪录。很多人都否定她的理由，认为她应该进普林斯顿大学、哈佛大学、耶鲁大学等学校。当然，我也不同意她的想法，却不否定她，认为这只是她一时说说而已，并不见得会是她的最后选择。更重要的是，我没有说服她不选斯坦福大学的理由。我觉得不应该随便否定孩子的想法，这样孩子才会有足够的自信去自己思考，做出选择。如果我们总是用大人的感觉和观念去指导孩子，孩子就会失去独立思考的能力。如果孩子的想法经常遭到否定，慢慢地，他便会失去自信，也不愿意自主地思考与选择。所以，要让孩子"青出于蓝而胜于蓝"，就必须让孩子有独立性和创造性，能独立思考与做出选择。我同意璐璐申报斯坦福大学，这是一所好学校，至于是否同意她去该校就读，最后还要结合其他学校的录取情况和她想读的专业而定。我朋友的孩子就放弃哈佛大学而选择了斯坦福大学，因为斯坦福大学开设的专业更合适他的发展。我想，在璐璐申请学校这件事情上，我们没必要操之过急，也许还会有意想不到的惊喜呢。

果然，过了一阵子，璐璐与我们讨论她的大学申请计划。我们一起选出20所大学，然后我让她从这20所大学中再选出10所。不过，她认为自己最少要申请12所。她给我列出一张她想申请的美国大学清单：哈佛大学、普林斯顿大学、耶鲁大学、哥伦比亚大学、宾夕法尼亚大学、西北大学、杜克大学、布朗大学、莱斯大学、麻省理工学院、南加州大学、凯斯西储大学。前10所大学都是竞争十分激烈的大学，除了看实力，还要看运气。最后2所对她来说则是比较有把握的学校。我们对她想申请的学校都没有意见，只是笑着问她为什么没有斯坦福大学。她说，斯坦福大学不喜欢蒙哥马利中学的学生，所以她放弃了。我暗自开心。

至于专业选择，我们鼓励璐璐申请连读7~8年的医学院校，因为我们相信，医生是一个崇高而且备受尊敬的职业。咱们古代的读书人除了读经史子集、孔孟老庄，写好八股文之外，没有人是不读医书、不懂医的。学医，"上以疗君亲之疾，下以救贫贱之厄，中以保身长全，以养其生"。医学是一个很实用的专业。美国人大多也会选择比较实用的专业，比如工程学、经济学、医学、药学、商学、会计学等。我有一位美国同事，她总是提醒我要让孩子自己选择专业，因为她从小喜欢艺术，可是她的妈妈不让她报读艺术学校，认为从艺术学校毕业后不容易找工作，硬把她推上学习科学之路。她说，她的科学学得不好，工作也不开心。她那些读艺术专业的朋友毕业后都找到了工作，个个都比她开心。

所以，我们告诉璐璐，社会总在变化，她应该选择她自己喜欢的专业。我们也告诉她，人可以一辈子从事一个专业领域的职业，也可以变换职业。所谓的成功人士，大多是那些懂得审时度势，不断选择自己最喜欢，也最适合自己的事情的人。上大学只是一种训练，最重要的是培养学习新事物和解决新问题的能力，完善自己的专业知识还得靠自己毕业以后的不断努力。璐璐接受我们的建议，同意申请西北大学、布朗大学、莱斯大学及凯斯西储大学的连读7~8年的医学院校。至于其他学校，由于没有连读7~8年的医学院校，她想申请自己喜欢的、与工程相关的专业。

我们对璐璐选择的专业没有意见。我认为，**让孩子有学习做事的动力，就要培养孩子，让孩子选择自己喜欢做的事情，而不是代替孩子做选择**。父母只能提供给孩子自己的经验、自己的想法以及孩子需要的信息，但绝不能替孩子选择自己未来的事业。

许多学生一般会选择一所名校或常春藤联盟学校作为"提早决定"或"提早行动"（详见第148页）。普林斯顿大学、哈佛大学、耶鲁大学为美国三大名校，历史悠久，治学严谨，许多著名的科学家、发明家、政界要人、商界巨子都毕业于这些学校。这三大名校的录取率近年来一般在6%左右。如果璐璐能进其中任何一所学校,我们都很满意。我和先生都在大学工作,对什么水平的学生能进什么样的学校也有一定的了解。一般来说,美国大学选择学生,是经过综合考虑的,也就是看每个学生的综合素质,包括学生的成长历程、爱好、特长、性格、爱心、领导力,以及冒险精神。当然,成绩和申请材料都很重要。根据璐璐在学校的学习成绩、综合考试成绩、获奖情况、社会实践经历、课外活动情况、在学校的领导职位,以及她的个性、素质和写作能力,我们相信璐璐被这三大名校录取的可能性很大。璐璐原选定哈佛大学为"提早行动"。我们虽然不反对她以哈佛大学为首选,但更希望她进普林斯顿大学,理由是离家近(不到20分钟车程),而且普林斯顿大学近年来和哈佛大学平分秋色,更是多次超越哈佛大学荣登大学排行榜榜首,一直被列为美国最有价值的10所大学之一。

然而,璐璐却说,她最不想上普林斯顿大学,原因是离家太近。我们感到很无奈。我毕业于医学院,也懂一点儿心理学,青春期的孩子喜欢有自己的决定权。出于叛逆心理,有时候,他们甚至想离家越远越好。我们只好开玩笑说,如果她考上普林斯顿大学,我们就搬家,离她远远的。

没想到几天后璐璐却问我,她能否改变主意,把普林斯顿大学作为首选学校。这对我来说真是莫大的惊喜。璐璐认为她的个性更适合普林斯顿大学,因为她喜欢安安静静、踏踏实实地做事。在普林斯顿大学,她可以做科研、攻克科学难题。而她的一些好朋友也告诉她,普林斯顿大学很喜欢录取新泽西州长学校的学生,因为普林斯顿大学招生人员知道新泽西州长学校的学生是新泽西州最好的,所以如果她报读普林斯顿大学,被录取的机会会很大。原来我们说的离家近不是道理啊,说不到点子上,怪不得璐璐不听。

有时候,我常常想:**当责怪孩子不听话时,父母是否该反思自己说的是否有道理?实际上,这么大的孩子,大多有主见,知道自己应该做什么,也都会为自己的前途考虑。**父母没有道理地唠叨,结果往往适得其反。正如一位同事告诉过我的,由于他太喜欢哈佛大学,他的女儿只好不喜欢哈佛大学——他招致她的反感了。

美国的大学申请分为几个种类,最常见的有:

1. 提早决定。

有约束。学生只能申请一所大学,必须承诺若被录取,除非大学提供的经济资助不足,否则不得不上这所大学。学生需要提早2个月(10月底)完成申请手续,校方在12月中下旬通知申请结果。

好处:校方喜欢学生有就读该校的诚意,被录取概率将会提高。

坏处:失去比较不同大学助学金的机会,少2个月申请大学的时间。

2. 提早行动。

没有约束。学生只能申请一所大学,如果被录取,学生可以不选择这所大学。同样，学生需要提早2个月（10月底）完成申请手续，校方在12月中下旬通知申请结果。

好处：提早得到录取结果，可以更专心地完成十二年级课程或做自己喜欢做的事情，可以比较不同大学的助学金情况。

坏处：除非特别优秀，否则被录取的概率较低，少2个月申请大学的时间。

3. 常规申请。

没有约束。学生可以同时申请多所大学。各学校申请截止日期不同。多数学校要求学生在12月底或来年1月底之前完成申请手续。校方在来年3月底前通知申请结果。

4. 滚动录取。

没有约束。有些学校一旦收到成绩及其他条件达到入学标准的学生的申请，做出决定后便会通知申请结果。学生可以同时申请多所大学。

21

录取前的"打赌":
接受现实,调整自己

我们能够做的就是接受现实,调整自己,积极应对生活的挑战。

教育不只是为孩子将来的生活做准备,教育本身就是生活。

学生申请大学时，学校主要从高中课程成绩、大学标准考试分数、社团服务活动、课外活动、学生的作文以及老师的推荐信等方面对学生进行综合考查。通过这些材料，大学招生人员得以了解一个学生的努力程度、聪明程度、兴趣爱好及自身性格特征等。这些指标没有客观的标准，因此会增大大学录取的不可预测性。

大多数学生及家长对于大学申请都是挺紧张的。虽然我们对璐璐被前10所学校录取很有信心，但是她自己却很谦虚，而且还有点儿焦虑不安。为了给她鼓气，我戏言打赌，并且一赌万金（1万美元或一趟豪华欧洲旅游）。我告诉她，我一定能赢。这下吓到璐璐了，她不愿意下这么大的赌注，也许内心也认为自己有可能进入这些学校，所以她同意打赌，但把赌注改小了——变成一顿实用的晚餐。如果璐璐被其中任何一所大学录取，那么我就赢了，璐璐必须在家里为我们做一顿晚餐；如果璐璐没被录取，那么我就输了，我们必须带璐璐到她喜欢的餐馆吃一顿晚餐。戏言成真，我俩认真写下协议条款和打赌可能被录取的5所大学（普林斯顿大学、哈佛大学、哥伦比亚大学、宾夕法尼亚大学、杜克大学），并签名为证。我们的实际目的只是玩玩而已，同时也是放松因申请学校而紧绷的神经。

2012年，桑迪飓风肆虐美国东北部，各行各业都受到影响。12月初的录取工作被推迟了。12月中旬，各所大学的"提早决定"和"提早行动"通知才陆续发榜。12月18日，我们终于等来了普林斯顿大学的通知，璐璐被录取为"提早行动"。虽然在意料之内，但我们还是万分高兴。"真的，妈妈说对了。申请心仪大学，你不需要参加高大上的夏令营，不需要在世界比赛中赢过大奖，也不需要做看似了不起的项目。你需要做的是努力、经历，然后好好总结，把你奋斗的故事、你的抱负、你的理想讲出来，打动招生官。"

我赢了。很快，我们便美美地享受璐璐亲自做的丰盛晚餐，有培根蘑菇、苋菜、卷饼、烤鱼、土豆泥和她自己最爱的牛油南瓜苹果羹。

朋友们笑说璐璐吃亏了，考上了理想的学校反而要为父母做饭。璐璐说没办法，考上了理想学校也不能忘记爸爸妈妈的功劳。妈妈每天为她做饭，爸爸接送她参加各种活动，和她讨论报考哪些学校、选择专业、如何准备面试……每个人的成功背后都有一群人的努力。每个孩子的成功，离不开其背后父母、老师和其他人的汗水与心血。在大学申请作文中，要求写一位对她人生影响最大的人，璐璐写的就是我。她引用《虎妈战歌》的故事，并且说："如果我成功了，我妈妈应该写一本《兔妈赞歌》。"

被普林斯顿大学录取，璐璐也很高兴。后来，她还被莱斯大学和南加州大学录取。这些学校要求在12月以前申请。被普林斯顿大学录取后，璐璐放弃了其他大部分学校的申请。如果你了解美国的学校就知道，每一所学校不论名次高低，都有自己的特色，美国孩子都会申请多所大学，然后从中选择适合自己的。选择学校，不能只看排名，更应注意孩子的个性是否适合学校。比如，哈佛大学最适合培养领袖人才和商业人才，耶鲁大学注重法学、音乐和艺术，而普林斯顿大学更注重科研、发明和创造。

让我们感到意外的是，璐璐被我们认为是"安全学校"的凯斯西储大学连读8年的医学院校拒绝了。有人用类似于中国的围棋段位，给美国的名牌大学作分级排名，如果说普林斯顿大学和哈佛大学等学校属于10段大学，那凯斯西储大学只不过是7段大学。璐璐申请凯斯西储大学失败，究其原因可能就是忽略了细节，不重视，没有突出自己，让自己埋没于茫茫申请者之中。虽然即使被录取，她也不会选择上这所大学，但是她仍然很失望、很伤心。

她愤愤不平地说："为什么我们没有把这所学校列入打赌协议中，否则我就赢了。"我知道她并不是真的在乎录取的结果，她需要的是一顿安慰的晚餐。在这样失望的时刻，她需要我们的关爱。如果她被录取了，她会很开心，各种赞扬接踵而至，她反而有可能不大需要我们的注意。相反地，这种时候，我们的关心对她来说非常重要。我们没有责怪璐璐。我认为作为父母，我们不能只是做锦上添花的工作，也要为孩子雪中送炭。为了安慰她，我们和璐璐共享了一顿丰盛的晚餐，把所有的不愉快和食物一并扫光。同时，我们也讨论了人生中的许多不如意和无奈。**我们能够做的就是接受现实，调整自己，积极应对生活的挑战。**

著名教育学家约翰·杜威说过，**教育不只是为孩子将来的生活做准备，教育本身就是生活。**大学申请、大学录取，都是生活本身的一部分，教育就是生活。

分享大学申请经验："自推娃"的产生

俗话说"三岁定终身",孩子的生活习惯、学习习惯都是从小养成的。孩子的人生观,也是在上大学之前就基本固定了的。

我们居住的小区里有很多中国人，大家都很团结，相处融洽，相互来往也多，所以我们戏称小区为"中国村"。村里有几位热心公益活动的人，我们尊称他们为"村长"。村长每2年一选。选村长虽然不像选总统般热闹，但也是通过公开投票，民主产生的。我们曾和十几户"村民"结伴外出露营，那时我们还选出"玩乐委员"，负责计划游玩地点和行程，保证大家玩得痛快；"吃喝委员"，负责计划三餐，让大家酒足饭饱；"垃圾委员"，负责带洗洁液、垃圾袋，清理垃圾……每年春节，我们村都有"春节联欢晚会"，老中少欢聚一堂，表演节目、观看节目、品尝百家菜，各得其乐。别看这村小小的，却藏龙卧虎，人才多多。我们的春节联欢晚会，很有特色，吸引力不比国内中央电视台的春节联欢晚会差。我很喜欢我们村举办的各种各样的活动，这些活动都是为了经历与体验，无关输赢成败。

我们村地灵人杰，学区优秀，这一年的运气更是特别好，好几个孩子被提早录取入名校。进入的名校包括普林斯顿大学、哈佛大学、西北大学等。因此，村长建议这一年的春节联欢会增加一项活动：大学申请经验交流会。内容是被录取的孩子向低年级的孩子介绍经验，低年级的孩子向高年级的孩子取经讨教。这个建议得到多数村民的赞同，我也是支持者之一。村长建议我和璐璐都作为组织者参加这个活动。

璐璐接受了这个"职位"，但她很忙，所以她又认为这一活动很无聊，会浪费她的时间。有一天她问我："还有比这活动更无聊的吗？"我不知道怎么回答。我知道我越说教，她会越反感。我记住了选择普林斯顿大学的教训，面对青少年的叛逆，"不管"就是最好的管。我想我应该把决定权交给她。于是我附和她："没有，这个的确很无聊。"她又说："你能不能举出5件比这更愚蠢的事情？"我说："不能。好像没有比这更愚蠢的5件事情了。"没想到她自己列举出了2件真的比这还愚蠢的事，所以她认为，这个活动还真不算太无聊。

我用的是"无心插柳"和老子提倡的"无为而治"的方法。正所谓"退一步，海阔天空"。"自推娃"就是这样产生的。

我记得这样一段对话："大师，什么是快乐的秘诀？""不要和愚者争论。""我完全不认为这能使人快乐。""是的，你说得对！"我知道，在这个时候说教或者与她争辩，必是两败俱伤。人不是理性动物，而是情感动物。人有时候不会讲理，因为有些事情本来就没有客观上所谓的对错，没有道理可讲，不需要费时费力去沟通。比如此刻，正是无声胜有声。

第二天，璐璐和她的朋友们都准时到达开会地点。他们被录取的学校有：普林斯顿大学、哈佛大学、耶鲁大学、芝加哥大学、西北大学和罗格斯大学。出乎意料的是，参加交流会的人数远远超出我们的预期，我们准备的房间太小，显得很拥挤，尽管外面冰天雪地，房间里却"热火朝天"。

首先，璐璐和她的朋友们进行自我介绍。接着，低年级的学生向他们提出各种各样的问题，有很具体的，比如，该不该修哪门课，该不该参加哪个活动；也有很普遍的，比如，如何平衡学习和各种活动，如何准备大学申请，申请时应该注意哪些问题，等等。璐璐和她的朋友们都根据自己的亲身经历，很认真地回答了这些问题。我觉得他们的回答都很实在，很有实用价值。比如，高中的综合成绩很重要，要向大学展示一个独特的你，参加活动时要遵从自己的兴趣爱好，不要为了申请大学而去做你不喜欢做的事情，等等。至于要不要参加补习班，要不要咨询专家，这要看个人情况而定。他们之中也有参加补习班的，也有咨询专家的……我为孩子们的成熟感叹，他们讲话有点儿"老气横秋"，我简直无法相信他们就是刚刚在外面嬉哈打闹的一群孩子。

也有学生家长向璐璐的朋友们提问，问他们的家长如何影响他们，他们对家长的教育与影响是感激还是反感，等等。虽然回答不一，但总体结论是，小时候家长对他们的影响很重要，家长培养他们对某些事情的兴趣，帮助养成他们良好的学习习惯，他们喜欢这种影响。但是，他们上了高中后，就有了自己的想法，知道自己要做什么、自己能做什么。此时如果家长不了解他们，不考虑他们的能力和兴趣，一厢情愿地让他们做什么，他们就会很反感。

交流会很成功，学生和家长都给予了很高的评价。我庆幸自己相信璐璐会去做这件事，并且会做好这件事。我庆幸自己没有强迫璐璐去做这件事。

从交流会的对话中，我深深地意识到父母对孩子小时候的影响的重要性。**俗话说"三岁定终身"，孩子的生活习惯、学习习惯都是从小养成的。孩子的人生观，也是在上大学之前就基本固定了的。**

璐璐在交流会结束后写了一篇散记，总结了她对大学申请及上大学的看法。

除夕夜散记

2011年，《虎妈战歌》一书的出版在美国境内引起轩然大波，各国家长对亚洲家庭严厉的教育方式表示极大的抗议。然而，我们无法否认的事实是，作者成功地将女儿送入了世界顶级名校哈佛大学。与此同时，全球掀起了对教育的思考浪潮：家长到底应该如何做？他们是不是已经尽心尽力地培养自己的孩子，使孩子获得更多进入世界名校和成长的机会？2013年1月9日，我获邀参加由一华人协会组织的中国除夕联谊会。在一个大学申请经验交流会中，我亲身体会到年轻一代对大学申请的困惑，即便我是在一个亚洲家庭中长大的，依旧被自己所看到的一切吓了一跳。此次活动规模之庞大，令人讶异。参加人数远远超出意料。

我们所在的会议室座无虚席。我没想到这么多人愿意将他们愉悦的农历新年假期贡献给这个沉闷的话题讨论。

大学申请经验交流会原计划分为两部分，第一部分只由学生参加，而第二部分则是对所有人（家长和学生）都开放。但是当第一部分开始时，家长根本无法控制他们的好奇心，纷纷挤入会议室旁观。7个已经被哈佛大学、普林斯顿大学、耶鲁大学、芝加哥大学、罗格斯大学，还有西北大学录取的蒙哥马利高中学生作为学生代表做了发言。发言结束后，激动的学生把我们团团围住，他们当中有三分之一还在读初中。让我感到吃惊的是，本来申请大学的压力应该由高中生来承担，但今日，刚刚上初一的孩子就已经感到有压力。即使他们依旧是个孩子，依旧处于爱玩、需要玩的年龄，升学准备也已经提前覆盖于他们生活的方方面面，侵占了他们的快乐时光。

会议开始的时候，大家提问题的速度比较慢，但是慢慢地，场面就像山洪暴发那般激烈。"你是如何进入这所学校的"是提得最多的一个问题。大家总是误认为有一条捷径或者有一种秘密的方法可以让人获得名校的认同，而这些"成功人士"显然知道这个秘密。可是，让他们大失所望，其实我们也不知道这所谓的"秘密"是什么。然而，他们对于这种没有秘密的回答显然不满意，于是他们再三询问，希望从我们的回答中找到蛛丝马迹。"你在课外参加了什么活动？""你是如何度过你的假期的？""你每个学期的成绩是怎么样的?""你是如何学习的?""你参加了什么辅导班?""你是不是提前自学了?"一连串的问题摆在我们面前,但我们并没有统一的答案,这又让这些孩子颇为困惑。艾米丽说她在读书期间一直参加乐队,而我在高一的时候就早早退出了曾经参加的管弦乐队。乔汉是学校剑术队的队长,而保罗是游泳队健将。我确实自学了心理学,但是科迪却不认为这样做是对的。我们不禁要问:假如真的并不存在一条捷径,那么进入什么班级、学习什么,又有什么关系呢?有一个问题让我印象深刻:如果我并不想获得申请大学的推荐信,那么我是不是依然要做我现在在做的事情呢?我觉得现在的学生做事情的动机确实值得商榷,有一些学生为了自己的简历上有独特的地方而去运动,而不是因为自己喜欢某一项运动而去参加锻炼。如果继续这样下去,那么我们的社会会变得很危险,而这种危险正是来源于孩子升学的压力、做事情的功利心。

在大学申请经验交流会讨论结束前,我回答了很多孩子的问题。然而,我自己心中也有悬而未决的疑问。我觉得过早进行升学准备,会让孩子困于如何包装自己,以让自己拥有进入名校的"完美组合"。为了获得漂亮的简历,他们不得不选择所谓"完美"的班级、课外活动、工作、运动,甚至是志愿活动。实际上,大学申请从来就不应该是一件复杂的事情。我非常有幸地采访了本次活动的主要组织者,同时也是活动的参与者杨女士,她特别强调:"事实上，并不存在他们（这些家长）所说的最适合做升学准备的时间，甚至，连升学准备都是不应该存在的。上大学不是竞争，不是走上领奖台。相反，上大学是你职业生涯的开始，是在为你今后的人生事业做准备。因此，你所做的事情必须是你所喜欢的。你的大学应该是在你生命之中自然而然选中的。"杨女士同时也提出她的观点，她认为不是所有学生都需要在课外辅导上浪费金钱，她也不认为参加所谓的"天才夏令营"是必要的。她指出，过多的活动、过多的压力会让孩子无所适从，对孩子的成长不利。当人在承受外界或者心理压力的时候，就没有办法展示真正的自己。所以，可能即使你是有能力的，但也进不了自己心目中的理想学校；也有可能进了好的学校，但是你并不快乐。同理，假如一个人参加活动只是为了让人印象深刻，为了上大学，很难说这对于学校，还有学生来说是否合适。

或许没有什么事情能让所有人都感到满意。但事实上，不单单是社会上的人开始对升学准备有所担心，学生及其家长也注意到了这个问题。是的，教育很重要，然而一个人的生活技巧并不能被他所就读的学校的名气所取代。大学只有4年，学会认识自己，成为最优秀的自己，享受人生的一个过程，这才会受用终身。

陈杨璐

2013年1月14日

从璐璐的这篇散记中,我们可以知道,申请大学,实际上并没有所谓的"秘诀",而是一个自然而然的过程。或者说,所谓的"秘诀",就是从小养成良好的学习习惯,发展广泛的兴趣爱好,让身心全面发展。

23

水到渠成：
日常与环境教育的重要性

在日常生活中，让孩子养成良好的习惯，让孩子在快乐的生活中自然而然地脱颖而出。这就是最重要的家庭教育。

18年只不过是历史长河中的一瞬。从呱呱坠地到亭亭玉立，璐璐的成长历历在目。没有刻意的胎教，没有从小培养特殊才能，没有参加各种补习班和培训班，没有上过"高大上"的夏令营，更没有去非洲等地当志愿者的经历。春夏秋冬，日出日落，有灿烂阳光，有乌云雷雨，平常人家，平常生活。我见过不少社会上公认的所谓的成功人士，有大学教授、企业老总、政府官员，甚至有诺贝尔奖提名者和得奖者。和他们谈话，我不觉得他们和我们有太多不一样。他们也是平平常常的人。他们之所以能够成功，都是因为能够在一件事情上执着地不断努力，坚持把事情做好。他们多数会谦虚地把成功归因于好运气。但是，如果每天游手好闲，无所事事，好运气肯定不会从天上掉下来。

　　有人会把某些人的成功，归结为他们的聪明。其实真正的原因应该是他们对某些事情拥有巨大的热情，有真正的热爱之情，有内在动力，能够持久努力。记得有一本书叫《成功不像你想象的那么难》。这本书告诉人们，**成功并不需要"艰苦奋**

斗"。只要对某一事情感兴趣，长久地坚持下去，你就会成为该事情或者行业的专家。美国作家马尔科姆·格拉德威尔的一本类似"成功学"的书——《异类》指出：人们眼中的天才之所以卓越非凡，并非他们天资超人一等，而是他们付出了持续不断的努力。经过10 000小时的刻意训练，平常人也可以变成该领域的行家。

多数人都很熟悉"水到渠成"这个成语，其意思是指水流到之处便有渠道，这是理所当然的事情。但渠道是一点一滴的水汇集开凿而成的。中国著名出版家邹韬奋在《杂感·能与为》中说："昔人所谓'水到渠成'，所谓'左右逢源'，都是有了充分准备以后成功的亲切写真。"璐璐虽然没有刻意去做某件伟大的事情，却也有坚持的毅力，每天勤勤恳恳，刻苦学习，积极参加各种课外活动，认认真真做好身边的每件事情。我想说的是，多数成功人士常常谦虚地说自己的成功是因为运气好，这种谦虚的回答只是强调成功过程中的一个偶然因素，千万不要相信"不需要付出努力就能功成名就"。实际上，一个人无论做什么事情，要想成为人群中的佼佼者，都必须付出比别人多的时间和精力。有人形容名校的学生都有"鸭子综合征"，意思是，他们就像水面上悠然的鸭子，看起来悠哉悠哉，毫不费力，但它们的双蹼在水下拼命扑腾。这正是所谓的"你必须十分努力，才能看起来毫不费力"。美国崇尚"快乐教育"，但是不要以为美国的教育是快乐教育，只不过是学校老师尽力让孩子在学习时乐在其中。美国"虎妈"蔡美儿的故事，相信大家并不陌生,她要求女儿:不允许任何一门功课成绩低于"A",不允许看电视或玩电脑游戏,不允许选择自己喜欢的课外活动,不允许演奏除了钢琴或小提琴之外的其他乐器……

璐璐的成长,有可能得益于我们家的实际生活与家政教育。孩子小的时候,我们独居日本,远离亲朋好友,是穷留学生,雇不起家庭保姆。我和先生都在攻读博士学位,学习、工作都很忙。我们不得不把孩子培养成"小劳工"。孩子从小就有劳动习惯。璐璐和姐姐旻旻都是从三四岁开始便帮助我叠衣服,四五岁便学会自己穿衣、洗澡。姐姐旻旻从小学一年级开始,每天都是自己起床,自己吃早餐,自己背着书包走路上学(那时候日本很安全,马路上的汽车会礼让行人,附近的孩子都自己走路上学)。她们在小学阶段就已经开始帮助我们淘米、用电饭锅煮饭、洗菜、洗碗、吸尘、抹桌子、用洗衣机洗衣服,以及整理收纳自己的玩具、学习生活用品,清洁自己的房间等。她们从小就习惯了自己的事情自己做,自己管理时间,自己制订计划,不会依赖我们。也许是这些小小的生活技能,成就了她们的独立生活能力,培养了她们的独立意识,促进她们养成独立思考和解决问题的习惯。

总是有人会觉得让孩子干活很可怜。我觉得孩子每做完一件事就会很高兴、很自豪。她们如果能够和妈妈一起干活,就更开心了。其实,每个人都喜欢获得满足感,孩子也一样。满足感就是他们做事的动力。而我们带孩子,累但是快乐着。记得"疯狂学校"系列图书第一册《戴西小姐真疯狂》的一开始就是小主角 AJ 的自白。他是一个二年级学生，他不喜欢学校。可是行动上，他却很喜欢学校，喜欢天天去上学。为什么？因为他们的老师戴西小姐是"历史上、世界上最愚蠢"的老师。戴西小姐和孩子一样喜欢玩电子游戏、喜欢运动、喜欢吃巧克力。戴西小姐什么都不懂，不会教数学，不会拼单词，因此任由孩子来教她如何计算、如何拼写。实际上，孩子该学的东西都学到了，而且都很开心，因为他们的老师和他们有很多共同的地方。更好玩的是，他们的老师要由他们来教，他们比老师还"厉害"。这套书幽默、滑稽、有趣，虽然推荐的阅读对象是二至五年级的学生，但我觉得这套书也值得老师和家长阅读，因为"疯狂"的背后有值得借鉴的教育方法和教育理念。这个"最愚蠢"的老师实际上是孩子最喜欢的老师。让孩子做家务，让孩子教老师，孩子会从中得到不可计量的快乐和自信。

小时候，我的父母都是学校老师，他们工作很忙，我们也帮忙做很多家务。父母总是告诉我们，劳动最光荣。我的孩子从小就和我一起做家务，对此，我感到很骄傲。苏格兰不可知论哲学家大卫·休谟说，正是劳动本身，构成了幸福的主要因素。任何不依靠辛勤努力而获得的享受，很快就会变得索然无味。

做家务，实际上是一个人的基本生活能力，能很好地提高一个人的综合素质。一个简单的磕鸡蛋的过程，需要恰到好处的力度，还需要双手协调，既需要动脑，又需要动手，可以锻炼孩子的动作协调能力。交给孩子一项家务，比如洗菜、洗衣服，其实也是让他们加深对任务的认知，承担一份责任，去体会做事情的开始、过程和结果之间的关联。让孩子做饭，思考需要什么材料，什么材料能够煮在一起，两种材料煮在一起会怎么样，动用了创造力和想象力。在劳动过程中，他们有时候可能会遇到麻烦或者困难，就需要想办法解决。我认为，让孩子从小学习干各种各样的活，实际上是为孩子提供宝贵的锻炼机会。通过做家务，孩子了解了生活的不易，因此更能体谅父母，为他人着想。做各种家务并形成习惯之后，他们也养成了勤劳的好习惯。会主动帮忙做家务，这便培养出一种主动意识。孩子主动自觉的行为与思维习惯，会贯穿于其长大后的学习和工作中。我认为，让孩子从小帮忙做家务，干各种各样的活，对培养孩子的基本生活能力很重要。心理学家说，如果一个孩子缺乏基本生活能力，他的自我认知、自尊和自信乃至身体健康就会直接受影响。而这些能力只能在日常生活中通过不断练习，逐渐提升。我相信，动手做家务，克服困难，享受自己的劳动成果对璐璐的成长，对她养成自觉学习的好习惯一定有很大的帮助。不要瞧不起做家务这项普通的生活技能，如果孩子能够持之以恒，用心去做，他一定会在其中得到很多锻炼。实际上，未来的教育将会更重视一个人的"软技能"。生活能力本身就是"软技能"的基础。因此，**家庭是孩子成长的一个重要地方。**

我相信大道相通。璐璐平时习惯收拾整理生活物品，学习时也善于归纳整理笔记。上学后，她习惯用心做课堂笔记。她的学习笔记总是整整齐齐的、干干净净的，要点清晰，常常获得老师的称赞，被老师拿去做示范。璐璐上普林斯顿大学的第一个星期打电话回家，高兴地告诉我她得到了一份工作——做课堂笔记，每小时15美元（那时候新泽西州的最低薪酬标准是每小时9美元）。也就是说，她每上一堂课，学校会支付她15美元作为酬劳，条件是，她必须做课堂笔记，把笔记复印一份给老师，允许老师把她的笔记给有需要的学生。这真是一个"无心插柳"的意外收获。机会的到来总是不知不觉的，机会总会眷顾有准备的人。因此，养成某种良好的行为或者思维习惯后，就会自然而然地将其应用到生活、工作的方方面面。能够做好家务、能够独立照顾好自己生活的孩子，做事会更主动，更有条理和责任心，通常其学习能力、工作能力也会更强。所以，作为父母的我们，能做的就是让孩子养成好习惯，让他们习惯做事，不游手好闲。

听说璐璐被普林斯顿大学提早录取后，我的一位当化学工程师的美国朋友罗杰·澳尔克来信说："我祝贺普林斯顿大学，他们得到这么优秀的学生，应该感谢璐璐选择普林斯顿大学。"

是的，普林斯顿大学能得到璐璐是幸运的。自从璐璐SAT取得满分，成为美国总统奖的提名者，各个大学的信件便如雪片般纷至沓来。许多大学，包括普林斯顿大学、哈佛大学、耶鲁大学的校长、教务处长或招生办公室主任都亲自给璐璐写信，邀请璐璐报读他们的学校；印第安纳大学、阿拉巴马大学、霍华德大学等学校许诺给予全额奖学金，还有部分生活费；亚利桑那大学提供免费机票，邀请她到学校参观。我知道，许多像璐璐这样优秀的学生，都会收到许多大学的邀请信件。美国大学对于争夺好学生这件事情，也是费尽心思的。

所以，想上理想的大学实际也不难。快快乐乐地生活，安安静静地学习，认认真真地进步，追求德识才学全面发展，做好力所能及的事情。孩子不需要做"高大上"的事情，只需要做最好的自己，实现自己的愿望，这是一个水到渠成的过程。总结我最近几年的经验，申请美国大学实际上并没有所谓的"秘诀"，只要做到"知己知彼"，就能够"百战不殆"。

24

大学4年：
思维能力的提升

璐璐的4年大学生涯结束后，我发现璐璐对眼前发生的事情，对周围的环境和现象，有了比入大学前更敏锐的洞察力和更客观的分析能力。这4年，璐璐最大的收获，就是拥有了自主学习的热情和对事情的理性判断及选择能力。

经过4年大学生涯，璐璐发生了巨大变化，令我对她刮目相看。在我与她的交流中，我发现她对眼前发生的事情，对周围的环境和现象，有了比入学前更敏锐的洞察力和更客观的分析能力。她在看待事物和分析现象时，会不断去质疑和挑战已经被广泛接受的传统看法，而不是人云亦云。她教育起我们，或者和我们争辩时有理有据，常常令我们这两个大学教授理屈词穷。我看到哲学的批判性思维在她身上起了作用，她已经不是原先那个乖乖听话的孩子。

　　和璐璐在一起的日常生活和闲聊，让我经常反省和思考。有一次璐璐在家里吃饭，我先生对餐桌上我的插花作品进行评论。我先生评说的是紫色的花，而我以为他说的是白色的花，便不同意他的观点。璐璐明白我们的误会。她说："为什么你们喜欢说'这个''那个'，而不直接说'白色的花''紫色的花'呢？"我意识到我们平时说话真的很习惯使用模糊的语言。比如，我们习惯于用"这个""那个"来指代事物，用"这边""那边"来描述我们放东西的位置。评论事情也不直截了当。璐璐很少用代词，而是用准确的词语描述东西和位置，很少有歧义。她会开玩笑地问"那边"是哪里，然后引导我解释清楚到底是哪个，到底在哪里，到底是什么事情。有一次，她帮我洗菜，我告诉她"你要好好洗"。她开玩笑说："你能不能具体一点，什么叫'好好洗'？"是啊，什么是"好好洗"呢？太抽象了。我应该告诉她，要一棵一棵，或者一叶一叶地把泥土洗掉。我没想到，4年的大学生涯，还能让她用语言准确表达自己的能力远远超越当教授的我们。对于我们平常的会话，特别是中文，她如果不懂，就会仔细问清楚，甚至包括怎么发音、怎样拼写。她在日常生活中，从没有放弃学习。我想说的是，这样不经意的学习，非常轻松，而日积月累之下，每个人都可以学到很多东西。实际上，和她在一起，我也学到了很多东西。

璐璐常常和我分享她"没用"的课外阅读。我喜欢读她推荐的书，也喜欢和她一起评论书中的内容。最近，我在读她推荐的小说《苏菲的世界》。这是挪威著名作家乔斯坦·贾德的一部关于哲学史的哲学入门书，写的是一个因为工作常年不在家的父亲为女儿即将到来的15岁生日精心准备的礼物——一本介绍哲学史的书。虽然这本书是写给14岁少女的入门哲学史，但我觉得它适合任何年龄（比如我这个年龄）的读者，因为它非常有趣简明，我们可以通过书中的平常生活和最常见的事情，体验哲学的美妙和神奇，学习用睿智的方式去度过琐碎和平凡的生活。哲学可能是不着边际的东西，哲学不一定能解决生活问题，但是在理性思考、逻辑推理的过程中，哲学的思考方式可以让人们学会怎样看待世界和别人，怎么认识自己，怎样分析判断，怎么适应外部环境，怎么做决定。学习哲学可以让人们"不吃不喝"（开玩笑），因为哲学告诉人们，真正的幸福不是建立在外在环境的优势，比如丰裕的物质之上的。真正幸福的人，不依赖这些稍纵即逝的东西。幸福不是由这类物质构成的，因此每一个人都可以获得精神上的幸福，而且一旦获得这种幸福，一个人就能到达不受任何欲望侵扰的世外桃源，一辈子都会快乐。

我和璐璐的阅读习惯不同，她会调动感官和想象力，去鉴赏书中的各种细节。她能够说出这本书整体上在谈什么，作者持什么观点，哪些东西支持作者的结论，作者讲的有没有道理。因此，对于每一本书，她都有自己独特的观点和见解。老实说，我的理解力、想象力比她差远了。我没法像她一样抓住细节，把阅读变成一种立体而多元的体验。我常常会习惯性地抓住中心思想，用简单的语言概括中心思想（记得我小时候，语文课阅读时最重要的事情就是抓住中心思想）。与璐璐对比，我对每一本书的评述往往显得苍白而无力，因为我不能用书中的细节来支持我的观点。我意识到，一本书的好坏，其实不是由它的中心思想决定的。比如《简·爱》。那么多以爱情故事为中心的书，为什么只有《简·爱》能够流传下来而成为世界名著？因为它有主人公罗切斯特和简爱的那番对话，以及无数围绕他们两个人的动人细节。正是这些细节，诠释了种种亘古不变的爱情真理。过去几年，读这些"无用的书"和"无聊的讨论"在无形中改变着我的思考方式。

英语不是我的母语。尽管我在大学读的是"全英班"（所有课程用英语授课），得到了良好的英语训练，但英语毕竟不是我的母语，我用英语写学术论文和书稿时，常常被同行编辑评论写得不"地道"。我自己觉得已经写得很清楚了，但是编辑常常说我写得不清楚。然而，没有人能够告诉我为什么不清楚，怎样写才能更清楚。我喜欢请璐璐帮我修改文章，因为她会具体告诉我这样写为什么不清楚，怎样写才能更清楚。这样的帮助，非常难得，因为这种教育需要的不只是耐心，更重要的是要有足够强的理解力、表达力和解释力。

普林斯顿大学的课程标准要求非常高。为了完成那些目标，特别是毕业论文，学生的专注程度被不断强调。这些训练，教学生用尽全力去完成一件件事情。另外，普林斯顿大学的孩子都很爱"折腾"，他们都会做许多学业之外的事情。有些家长说，如果我们仅仅要求孩子好好学习，按时毕业，找一份高薪的工作，过稳定和安逸的生活，那我们的要求太低了。一开始我有点儿担心璐璐的"折腾"，特别是在第三年暑假她决定去印度实习2个月的时候，我不同意她去。她问为什么，我说印度很乱，卫生条件很差，我担心她的安全。她说，别人说美国才乱，才不安全呢。她告诉我，她的所有行程，包括住宿、往返机场、工作场所、周末活动等，都有国际SOS救援中心的审批及安全确认，没有什么好担心的。4年过去了，我佩服孩子的"折腾"，也认同他们应该有社会责任感，把自身价值体现在为社会做贡献之中。我再也不质疑孩子的"折腾"和行为判断力。

4年的大学生涯，给璐璐带来了不可忽视的精神财富。在有着百年文化基因的校园中，老师和学生生活简朴，做事低调，认真努力，互相欣赏，互相包容。许多聪明、求知欲强、具有同情心而又目光敏锐的年轻人互相学习，互相交流，互相鼓励，一起了解新的思想和看法。孩子可以收获伴随一生的校友情，还会遇到一生当中可以效仿的典范和崇敬的榜样。璐璐说："我喜欢我的老师和朋友，不是因为他们很出名，也不是因为他们成绩好，而是因为他们善良、友好、快乐。他们使我快乐。而且在与他们的相处中，我学到了东西，得到了成长。"

美国著名作家约翰·亨利·纽曼在《大学的理念》中说："只有教育，才能使一个人对自己的观点和判断有清醒及自觉的认识；只有教育，才能令他在阐明观点时有道理，在表达时有说服力，在鼓动时有力量。教育令他看清世界的本来面目，切中要害，解开思绪的乱麻，识破似是而非的诡辩，撇开无关的细节。教育能让人信服地胜任任何职位，驾轻就熟地精通任何学科。"

璐璐大学4年最大的收获，就是获得这样的通识教育。普林斯顿大学的教育滋养了她自由的心灵，让她拥有了崇尚理智、崇尚知识和持续一生的学习热情，以及对事情的理性判断和选择能力。

25

走出校园,走向未来:
成功的不同定义

主动学习、灵活应变、了解世界,将是未来教育的新趋势。

2017年6月，璐璐从普林斯顿大学化学专业毕业。在此之前，她告诉我们，她不想马上去工作，想继续学习，但不是传统地去研究生院学习。后来，她告诉我们，她申请到普林斯顿在亚洲基金会的资助，决定去日本教授一年英语，顺便上一年"日本社会大学"。她想从生活中学习。璐璐虽然出生在日本，但4岁半就离开了，对日本没有太多印象。她一直想去日本，不是去旅游，而是去感受她出生的地方以及当地人的生活方式和价值观念。这些年没有合适的机会，这次终于可以一了她的夙愿。

我们支持璐璐的选择。也许有人羡慕高收入的工作，有人羡慕直接进入医学院、法学院或者研究生院的工作机会。但是我认为，一个人的阅历和经历是无价之宝。回想她在大学期间的澳大利亚之行、印度之行，她的体验、她的经历、她的感受，我们都没有理由后悔顺从她的选择。这些经历让她领悟到很多在学校里领悟不到的东西，是让她长大并成熟最好的磨炼。正是这些"无用"的活动，让她获得多元化的知识，让她阅历丰富、生活灿烂多彩。

大学毕业后不继续读书，不去工作，而是出走天下，接受生活的再教育。这也许是现代教育的一个新潮流。这样的学习更能让人主动、积极地投入生活。教育需要适应时代的发展。中国2000多年前的传统教育，以孔子倡导的"治国平天下"为目的，并不传授知识，也不训练职业。过去200多年的学校教育，也就是我们如今的课堂教学模式，是由普鲁士人最先发明的，目的是优化国民，培养大量理性、高效的工人，培养忠诚且易于管理的民众。教育是传播知识与训练职业的行业。这样的教育体系让大量民众成了中产阶级，为德国成为工业强国提供了至关重要的原动力。这样的课程框架设计可以使学习的内容非常广泛，标准化的设置也易于考试和选拔，因此这样的教育体系得到全世界的认可。

然而，在目前的教育中，从幼儿园到大学，大多数科目对大多数人都没有用处。当今社会日新月异，需要具有创造力、充满好奇心，并能自我引导的终身学习者，对阅读能力、数学素养和人文底蕴的要求越来越高。因此，目前的教育体系已经越来越不适应当今社会的需求。

芬兰赫尔辛基教育局从2020年开始，正式废除小学和中学阶段的课程式教育，转而采取实际场景或者主题教学。这使芬兰成为世界上第一个摆脱学校科目教育的国家。也就是说，芬兰的学生从2020年开始，就不用再上单独的数学课、物理课、化学课等课程。他们的课程将是类似"如何在咖啡馆或者银行进行日常工作"这样贴近现实，并且有助于理解这个世界运作规律的主题式教学。芬兰教育部部长马里奥·基洛宁解释这场教育变革，他认为，大家熟悉的分科教育，如语文、数学、英语、物理、化学、地理、历史等，都是19世纪确立下来的，在过去200年做出了贡献，但目前时代已发生变化，我们需要适合21世纪的教育体系。

21世纪，我们需要什么样的教育？实际上有很多争论。因为没有人能够真正确切地知道未来是什么样子。我们唯一知道的就是未来的不确定性。随着互联网技术和人工智能的发展，我们现在已经习惯的职业在未来可能会消失。有的人认为，当现在的小学生长大并毕业就职的时候，今天的职业种类可能会消失30%～40%。同时，这意味着有更多新的职业、新的领域、新的技能出现。因此，真正重要的是发展自己灵活应变的能力。这种应变能力应该建立在一些核心素养，特别是语言表达能力、沟通能力、团队合作能力，以及检索、收集和筛选信息的能力的基础上。由美国教育界、商界领袖共同组成的"美国新劳动力技能委员会"颁布的21世纪人才的四大技能，把"了解整个世界"作为首项标准列举出来。世界上有太多事情需要我们去熟悉和探索，如各个国家的语言与生活，文化与历史，都有值得每个人学习的地方。当看到的世界变大时，我们才能更加宽容，才能更加坦荡。实际上，接受彼此的不同，尊重相互的差异，才是"了解世界"的重点。因此，未来的世界需要全球化、信息化时代下的合格公民，需要具备冷静的批判性思维能力、条理清晰且富有逻辑的沟通表达能力、全球化的文化视野、对新事物有兴趣和热情,以及面对挫折足够坚毅等基本素质的年轻人。因此,告别传统的知识灌输,主动学习,灵活应变,了解世界,将是未来教育的新趋势。

有人说,一个人成为某个样子,那是他走过的路、去过的地方、读过的书的集成。我要加上,还有他接触过的人、经历过的事情。"多见者识广,博览者心宏。"一个人见的世面多,经历、阅历多,知识面就广阔,经验就丰富。所见所闻都可以成就其一生。我到过日本,又来到美国。我接触到各种各样的人,学到很多书本上学不到的东西,特别是那些生活在不同文化环境里的人们的世界观、文化观与价值观。我相信,在多元化的地方生活,我比年轻时能更好地理解这个世界,更有同理心。我也相信,即使我被放到任何谁都不认识的地方,我也有活下去的能力。因为我懂得接受友善帮助,知道如何博爱助人;我懂得肯定自己,知道主动进取,也会原谅别人。我知道人生可以有很多种活法,有很多种追求。

记得在日本,我们实验室有一位医生,对我们穷留学生非常慷慨,但他自己的衣着却十分朴素。我们从外表上看不出他和别人有什么不同,但后来才知道他家是世袭名医,很富有。我在日本鹿儿岛大学攻读博士学位期间,参加了"鹿儿岛寄宿家庭项目"——鹿儿岛市政府和鹿儿岛大学帮助留学生和当地家庭组成"友谊家庭",以帮助留学生更好地融入日本生活,同时拓宽当地人的国际视野。在日本,我发现许多富裕的人都很低调，不张扬。我的日本朋友说，每个人都应该谦虚和内敛，如果故意炫耀，人们就会怀疑你的人品和个人道德修养，朋友会远离你，而你的事业也会遭遇挫折。实际上，中国的君子志士，也多古道热肠，诚挚待人。在美国，我们更换了几次工作，从宾夕法尼亚州搬家到新泽西州，再到纽约州，我们看到不同社区里的真正普通人。他们过着简单快乐、有益他人、不求名利的生活，那么坦然，又那么超然。在我们所在的研究所和大学里，人们一般不能通过外表看出来哪位是著名的教授或科学家。我从事过发育生物学的研究，很敬重美国发育生物学家、普林斯顿大学的艾瑞克·威斯乔斯教授，他因为在胚胎器官发育方面取得的研究成果而获得1995年的诺贝尔生理学或医学奖。在普林斯顿大学校园里，我们看到威斯乔斯教授的衣着总是十分朴素，说话轻声细语，他就像一位普通教职员工。2019年3月，我们邀请了2017年诺贝尔化学奖得主之一、哥伦比亚大学的约阿希姆·弗兰克教授到美国圣约翰大学做学术讲座。他和我们一起在学校的职工饭堂吃午餐，晚上在外面的普通餐厅用餐。他告诉我们，他常常乘坐地铁上下班。那天晚饭后，他只让我们叫一辆普通出租车送他回家。这些就是我们见到的世界知名人士，和我们一样都是普通人。我常常想，这些人的内心一定十分丰富，对于事业和精神的追求，超越了对于物质的欲望。他们做事低调、认真努力。他们的生活方式和价值观令我敬佩。我逐渐了解所谓的贵族精神，它不意味着养尊处优，悠闲奢华地生活，不与平民精神对立，它是一种以荣誉、责任和自律为价值核心的先锋精神。其实，一个人的追求，不在乎外人的评价，这才是最重要的。世界上从来没有放之四海而皆准的成功标准。不同的人有不同的生活理念、生活方式，不需要比较谁比谁活得更好。有了这样的意识，我们的生活才能坦然自在。

日本有那种小小的店铺，几十年甚至几百年只做一样东西，比如寿司、乌冬面或者点心，步骤极其精细。这显示出日本人的工匠精神。工匠精神是一种职业精神，是职业道德、职业能力、职业品质的体现，源于对职业的敬畏和使命感，与功利主义无关。匠心，就是用尽全力，心无旁骛，将一件小事做到极致。

小时候我家里贫穷，一直被教育"有用论"，什么都要有用，不然就是浪费。这样的理念正确吗？显然不正确。就像璐璐，自普林斯顿大学化学专业毕业后，去日本教授英语，真的"无用"吗？

我知道，很多名校毕业的孩子，比我们这些父母更加有全球视野和情怀，愿意无私地为这个世界付出，为社会和世界贡献自己的一份力量。当年我们只知道尽快完成学业，找一份可以糊口的工作。现在的孩子们很幸运，他们毕业后不愁衣食，有机会体验社会，或者继续深造，还可以去做一些自己热爱的，而与物质金钱关系不大的工作，或者多走些路，多看些风景。璐璐很喜欢她在日本的经历，她在冈山属下的一个市政府国际交流部工作，主要任务是到幼儿园和小学教授英语，并参与组织国际交流活动。她是个典型的女孩，很喜欢孩子。孩子也喜欢她。她从小喜欢画画、做手工，也学了钢琴、小提琴。虽然这些活动都只是兴趣，登不上大雅之堂，但是她可以把这些小本事应用在她教授英语以及和孩子互动的过程中。业余时间，她还免费教孩子的父母学英语，而这些父母则带她出去游玩，给她送土特产……璐璐很喜欢日本，一年结束后还舍不得回来。在日本，她还有机会到新加坡、中国台湾和菲律宾等地方参观访问。我相信，这些"无用"的经历，会丰富她的一生。

　　我看到身边名校毕业的孩子，他们为自己选择陡峭的学习曲线和艰苦的磨炼机会，把时间和精力投入平时想做但没机会做的十分热爱的事情上。有自己创业的，有全身心投入创作或者艺术的，有从医学院出来改学哲学的，还有许多毕业后，不马上去工作，而是出走天下，探索世界，找寻自己未来激情所在的。他们称这样的行动为"创新性教育"。他们相信，这样1~2年特殊的经历，将会为自己的人生增色添彩。不要以为孩子没有压力，著名文学家海明威曾说，真正的勇气是压力之下展现的优雅。我敬佩这些年轻人的勇气。他们明白最初的工作是为人生打基础的。他们明白无论职业生涯如何开启，生活一定不可能是一条直线。

26

新的征程：
入读哥大医学院

在这个历史性的2020年，媒体界异常嘈杂。在这样的背景下，学会获得、过滤、分析、使用信息非常重要。每个人，都必须尊重事实，但可以挑战任何观点。

2018年9月，璐璐结束在日本一年的工作，回到美国。她决定进入医学院继续深造。

美国医学院的录取有一个全面、复杂的综合考核体系，有严格的选拔标准，如这个体系会测试申请者是否具备从医的综合素质，对医生这个职业是否有成熟的认识，以及对学医的漫长道路和艰难过程是否有充分的心理准备。申请美国医学院的竞争非常激烈。正是医学院入学的高门槛，保证了美国医生来自高素质群体，也保证了医生的社会地位。

与中国医学院直接招收高中毕业生不同，美国学生一般在完成4年本科学习后才有资格申请进入医学院的。医学院申请者在大学本科期间并不需要主修与医学有关的科学专业，申请者的本科专业可以与医学完全不相关，但是所有申请者都要完成医科预科课程，包括英文写作、普通化学、有机化学、生物、数学和物理。这些预科课程属于基础科学课程，大约需要一学年时间修完。本科专业与医学不相关的学生，比如文学、哲学、历史、音乐、艺术、建筑、计算机等专业的学生，在申请医学院时有时还会有意想不到的优势，因为医学院的录取相当重视学生成绩之外的整体素质。

申请医学院的流程是向美国医学院协会下属的美国医学院申请服务递交初步申请。申请资料包括本科4年GPA成绩、医学院入学统考成绩、个人陈述、推荐信、与医学有关的科研经历、从事医学相关志愿服务的经历和社会实践、义工活动等材料。这些材料，基本能够体现一个学生的积累和阅历，包括学生的知识体系、人文素质、学习能力、理解能力和融会贯通能力。各个医学院初步审核申请材料之后，分别向申请学生发放申请资料。资料包括不同的问题，主要是为了了解学生对学校的认识，以此评估申请学生与学校的匹配程度以及对学校考虑的认真程度。每个学校在综合考查申请学生的标准考试成绩、本科平均成绩、个人陈述、科研及课外活动等材料后，会邀请部分学生到学校面试。

面试，在美国是一个很常见的事情。美国的大学申请、研究生申请、医学院申请、工作申请，都需要面试。面试可能是与专业或者工作毫无关系的闲聊，不拘形式，不限话题，天南地北、天马行空地聊天。不过，面试老师都是富有经验的人。面试结束之后，老师会集体讨论，决定申请学生是否适合该校。面试很考验一个学生的知识面、应变能力，以及人际交往能力。面试气氛一般都是轻松友好的，但是整个过程却能够考验申请学生的综合素质。你很难预测面试老师会问些什么问题。但是，你是一个什么样的人、有什么深厚的积累，面试老师一定能够知道。面试在医学院的录取过程中是至关重要的环节，面试的方式可能是集体面试或者个人面试。

璐璐参加了医学院入学考试，并递交了申请。2019年3月，完成几个学校的面试之后，她又开始出走天下，从中国南方到北方，到几个不同的高校去教授英语，访问意大利、爱尔兰，重访日本。2019年8月中旬，璐璐顺利进入她的理想学校——哥伦比亚大学医学院。

记得从2000年开始，我们经历了令人震惊的9·11恐怖袭击事件、海湾战争、经济危机。同时，我们看到经济、技术和文化的进步深刻地改变着我们的工作、沟通及生活方式。这些的变化速度是如此之快。它不仅带来巨大的机会，也蕴藏着巨大的危险。2020年年初，新型冠状病毒感染疫情暴发，随后肆虐全球。2020年3月，距离美国确诊首例病例2个月之后，美国成为全球确诊人数最多的国家，纽约市成了重灾区。几乎所有行业都不得不停下来。从3月23日开始，全市限制出行，商业停摆。由于新型冠状病毒感染疫情的关系，学校关闭，璐璐住回家里。后来确诊病例猛增，医护资源不足，纽约州州长发出救援号召，在很短的时间内，有5万多名退休医护人员响应招募志愿者的号召，加入志愿者行列，帮助医院克服人力困难。还有外州的医生利用他们的假期来纽约医院帮忙。

璐璐也加入哥伦比亚大学医学院的教学医院——纽约长老会医院的志愿者行列。在美国，长老会医院仅次于梅奥诊所，名列全美第二，在抗击疫情期间，担负重要责任。但璐璐毕竟只是医学院的一年级学生，没有资格上前线。医学院的课程安排很满，她每天在家不断地上网课。然而，她也尽其所能，为新型冠状病毒感染患者提供电话咨询服务，为他们提供信息，给他们鼓励，减轻他们的精神压力。网上流传着哈佛大学校长劳伦斯·巴科通知学生撤离校园的邮件里的最后一句话："没有人能够预知在后面几个星期我们即将面临的是什么，但是我们每个人都要懂得，新型冠状病毒将考验我们在危急时刻所显示出的超脱于自我的善良和慷慨。我们的任务是在这个非我所愿的复杂混沌时刻，展示自己最好的品格和行为。愿我们与智慧和风度同行。"每个周末，璐璐都会接听多个电话，耐心地回答患者的问题。在她身上，我见证了年轻一代的勇气和担当。他们各尽所能，并懂得用更加新颖的眼光来看待事物，用新的方法来解决问题，不受偏见、盲点和惰性的影响，也不会像我们的旧式头脑那样，有各种各样偏执的念头。

在这个历史性的2020年，媒体界异常嘈杂。每一种声音的背后，都可能有个人或者利益集团价值观的主导和利益的驱使，更避不开个人情绪的摆布。**在这样的背景下，学会获得、过滤、分析、使用信息非常重要**。小说《教父》里面有一句话："在一秒内看到本质的人和花半辈子也看不清本质的人，自然有不一样的命运。"我们没有办法控制别人说什么，但是可以自己决定相信什么。相信什么与不相信什么，是个人所处的环境、经历以及选择共同作用的结果。

璐璐住在家里。我有时会对一些事情发表评论，她会提醒我:"妈妈,这是你的观点,不一定是事实。"我明白璐璐从小学开始,就要学习辨别事实和观点。她小时候回家会跟我讲什么是事实、什么是观点。比如,今天天气很糟糕,是不是事实?这不是事实,是你的观点。今天刮风、下雨,这才是事实。事实,是独立于人的判断的客观存在。我认为这种教育非常重要。**每个人,都必须尊重事实,但可以挑战任何观点。**

璐璐在家上网课,我有空时也会旁听。教授的授课水平都很高(我的观点)。这些医学院的课程,我在30多年前读医学院的时候都学过。但是内容的更新、深度和广度的提高都远远出乎我的意料,这大概就是时代发展和科学技术进步的结果。因此,如果不终身学习,落后是必然的。通过旁听网课,我学到了很多新东西,受益匪浅。除了专业知识的教授,还有收集、甄别、利用学习资源和信息的能力,批判性思维及解决问题的能力的培养贯穿于医学教学全过程。

内驱力的源泉：
随意又充实的生活

  随意让我对万事万物充满好奇，让我去学习，去拥抱新奇的事情，还有所有挑战。

  生活不是由一系列明确的目标组成的路途，它充满随意的朝气与活力。

大多数人认为，目标很重要。我也同意。然而，我觉得设定一个有效的目标很困难。所以，我一般不给自己设定具体的目标，也不给孩子设定目标。我喜欢看一步走一步。

虽然我没有目标，但是我一般不浪费时间，能做的事就一定去做。有时间就看书、学习。我们家很少看电视，通常只在吃饭的时候看一小会儿新闻或者电视连续剧，偶尔看1~2部电影。一家人工作、学习都很忙，都养成不浪费时间，坚持读书、做事的好习惯。也许这些习惯也帮助了璐璐的成长。

"呆伯特"系列漫画的作者斯科特·亚当斯被美国《新闻周刊》称为互联网上最有趣、最具影响力的人物。管理大师迈克尔·哈默称亚当斯是"二十世纪最杰出的商业思想家和观察家"。我读过亚当斯的书《如何在彻底失败中赢得巨大的胜利》。他在书中介绍了自己的生活和工作，阐述了自己对成功的看法。亚当斯尝试过很多不同的工作，都没有成功，最后因为画"呆伯特"系列漫画而出名。他认为追求体系的人才会成功，而追求目标的人多是失败者。他的论证是，如果为自己设定了一个目标,并以这个目标作为生活的航标,你就永远让自己处于达不到目标的失败状态。而一旦达到目标,你就不知道该干什么了。你为自己设定了另一个目标,又生活在追求目标的过程之中。因此,最佳的生活方式是你有一套良好的体系来度过每一天,自然就会求仁得仁。我喜欢他说的这句话,你不需要激情,不需要目标,你需要的是一套体系。体系是属于成功者的。他所说的体系,就是生活习惯。实际上,**生活习惯比激情和目标都更重要**。目标只适用于简单情况。以前的世界是"三十年河东,三十年河西";当今的世界和社会变幻莫测,每个人每一天的生活都随时改变着,可能是"三年河东,三年河西"。很多人不会知道几年后的世界是什么样的,社会是什么样的,职业会发生什么变化。如果将眼光放得很长远,你会发现未来的世界很复杂,也就是说,你为自己选择一个目标时,成功的概率并不一定很大。日本作家村上春树也说:"要把自己融入节奏中,把自己培养成一种习惯动物。"这句话也是对生活习惯的最好注释。有体系,有良好的习惯,在每天的生活习惯中享受生活,坚持做事情,就能够在每天的做事过程中塑造自己,在每天的塑造过程中取得成果。我认为,**在日常生活中,让孩子养成良好的习惯,自然地打开心灵去吸收大自然、家庭、社会和世界的天然养分,孩子就能在快乐的生活中自然而然地脱颖而出**。

中国教育常常鼓励勤奋,因为每一个成就背后都是时间的付出,天道酬勤!亚当斯也是一个"贪婪"的自学者。他说,

"我是一个学习机器","如果我觉得某件东西将来可能有用,我就试着掌握至少是最基础的知识"。我鼓励勤奋,但是,我不鼓励为了显示勤奋而勤奋。记得有一篇文章说过,低质量的勤奋,比懒惰更可怕。我很赞同这个观点。有些人每天分秒必争,坚持把白天到晚上的每段时间都安排得很紧凑。其实这并没有效果。这样的勤奋,是一种低质量的勤奋,表面上看很刻苦,实际上没有真正的效果。我自己学习、工作累了的时候,一定会离开书桌,去做别的事情。如果璐璐告诉我她累了、困了,不想学习,我一定会让她去玩,去外面呼吸新鲜空气,去运动,去睡觉。如果我的学生告诉我,考试前压力很大,我一定会让他们休息、放松。根据心理学家的实验研究,用同样的时间去做同样的工作,会休息的人的效率比没有休息的人的更高。"磨刀不误砍柴工。"勤奋努力不是一种做给人看的姿态,一个人学习、工作也不是为了别人,而是为了得到自己想要的结果。当在非常努力学习、做事的时候,你应该乐在其中,这才说明你不是为了得到他人的认可而努力,是真的在享受努力,对学习和做事有着纯粹的热情。

进入名校的不可预测性很大,因为名校很注重学生的个性。美国麻省理工学院几年前给申请学生的寄语是:"当我们要招收一个年级的学生时,我们就像要组一个1000人的登山队,一起去攀登一座有趣又险峻的高山。我们显然需要队员有相当的登山训练、耐力和激情。同时,我们也希望每个人都能给这支队伍带来一些有趣和有用的东西,可以是良好的性情、幽默感，或者丰富的个人经历，以及各种各样的个人天赋、才能、兴趣和成就。我们强调的，不是一群一模一样的完美的登山者。我们要的是一群各不相同的能人，大家在一起能够互相支持，给大家惊喜和鼓舞。"由此可见，能否进入这支"登山队"，受到很多因素的影响。每个学校的招生官在千挑万选时，不是在选择"一群一模一样的完美的登山者"，而是在选择一群美好的、可爱的、会互相激励和互相珍惜的人。

在大学申请过程中，一个人的个性化表现在很多方面，比如突出的艺术和运动才能，对团体、对社会的奉献精神，某一方面的突出成就，以及组织领导能力，甚至独特的家庭或个人经历都可能会成为被录取的突破点。所以，在入学的个人陈述中一定要独辟蹊径，找到自己的独特性，将自己的特色描述成一个亮点，这样才能获得竞争优势。硅谷的投资家彼得·蒂尔写的一本书——《从0到1：开启商业与未来的秘密》，虽然说的是投资原理，但其中包含的道理对教育也是一样的。要从竞争中胜出，你就要做1。别人都在做的事情，你再做就可能没太大意思了。

每一个人，都有不同的生活环境和生活需求，因此可以有不同的生活习惯和不一样的选择。不管是什么样的生活习惯，选择什么样的生活，都无可厚非。我的先生从2004年开始到纽约圣约翰大学药学院工作，经过几年的努力，成为学院的终身教授。我于2015年加入圣约翰大学这个大家庭。圣约翰大学的老师和学生都很多元化。我们发现，从中国、印度和一些别的国家来的教授，大多都特别努力，不到几年，就从助理教授晋升到副教授、正教授；然而有几个美国教授，工作了十几年、二十几年直到退休，却悠然自得地做着他们的助理教授、副教授。我不认为所有的外国正教授都比美国的助理教授、副教授成功、快乐和幸福。事实上，他们工作十分努力，十分辛苦。也就是说，他们的成功，伴随着巨大的付出、压力和责任。每个人的价值需求不同。根据美国著名社会心理学家亚伯拉罕·马斯洛的人类需求层次结构心理理论，从层次结构的底部向上，人类的需求分别为5个层次：生理需要（食物和衣服）、安全需要（包括工作保障）、社交需要（友谊和爱）、尊重需要、自我实现。像我们这样的第一代移民，需要工作保障。而作为当地的美国人，他们不需要用舒适和轻松去交换工作保障，因此他们追求舒适、从容、轻松的生活并没有什么过错。如果一个人选择"自由自在"而放弃"成功"，只要自己认为过得充实而不无聊，也未必是坏事。人生的意义就是找到适合自己的位置，过得随意、幸福。未来，物质生活不会成为问题，个人的幸福与自我实现将会成为每一个人的追求。

关于什么是随意的生活，璐璐在一篇作文中这样写道：

在课堂上我们曾进行一个活动，用一个车牌来代表自己。我选择了tK4JiF，然后画了一只蜘蛛、一棵仙人掌，还有一个苹果。我的朋友都对我为什么用这些缩写字母和画这些图画感到很奇怪，其实这是因为我想用它们来代表我的随意性。我追求热情火花的自然迸发。人生旅途之中若没有热情，没有意想不到的兴奋，生命就会变得太过简单无味。随意不需要理由，就像坠入爱河时你不能解释为什么会爱一样。在每周阅读的时候，在网上出售货物的时候，在做饭的时候，在收集特殊硬币的时候，以及在为鳄梨农场创作一首乐曲的时候，随意的火花随时会出现。我不需要花许多时间去想一个字谜，可以随意地把"红色兔子"变成"贿赂老鼠"。虽然最初只是为我的小提琴调音，但我却可以试图模仿达·芬奇那般顺畅地反写，将钢琴曲的几段拼凑在一起变成乐章。这些火花从我身体里自然迸发而出，我内心的艺术细胞，像明亮的便利贴，一块一块拼凑起来，表达着我对生命的热爱。**随意让我对万事万物充满好奇，让我去学习，去拥抱新奇的事情，还有所有挑战。我相信，生活不是由一系列明确的目标组成的路途，它充满随意的朝气与活力。** 我们为生活设立了种种目标，因此能够知晓我们位于何处，但有些时候，我们只需要随心扬帆起航，不去理会种种目标，随心而行。这便是我的随意性。

随意的生活，让璐璐能够追求热情火花的自然迸发，对万事万物充满好奇，让她充满动力，自主自觉地去学习，去拥抱新奇的事情和所有挑战。

学习不是为了获得一份工作。教育应该教人积极生活，快乐充实，身心健康，对自己有信心，对生活有热情。

内驱力不是一种行为，更不是一种技能，而是一种习惯。正是那些每天都需要做的事情，以及每天平凡的生活，才成就了孩子的内驱力。

后　记

　　2014年6月，我出版了《赢在转折点：迈向普林斯顿大学》。该书早已销售一空，但很多朋友一直在催促我重新出版，我很犹豫。因为那本书写得匆忙，很肤浅，有太多令我自己不满意的地方，我不好意思再版。有个朋友说，这正是所谓的"学得越多，才发现需要学的东西也越多"。他告诉我一个故事。他的一个美国朋友到中国访问1个月，回来后写了一本有关中国的书；后来这个美国人到中国又待了半年，回来后只写了一篇关于中国的文章；再后来，他在中国居住了1年，回来后什么都不写了，因为他觉得对中国了解得越多，越觉得自己不懂中国。

　　我深有同感。我从事医学科学研究工作20多年了，也写过100多篇科学研究成果方面的文章，还撰写编辑过几本医学科学图书。我对医学科学研究得越多，越发现自己对人体、对自然界、对科学的了解肤浅。自然界太复杂了。研究层次越高，我越不敢妄自下判断、轻易下结论，生怕让人误入歧途。因此，这几年，我发表的文章也越来越少了。我好像明白了，为什么很多人到了一定的年龄，便"故步自封"，反而是初生牛犊不怕虎，无知者无畏。

上一本书出版之后，我对孩子的教育有了更多的思考。与一些教育界人士的交流，也让我对教育有了更多的洞见。时代的变化对教育提出不同的要求。我相信，教育的目的应该是让每个人认识世界，让每个人都有自信心，能够自由自在地去做自己感兴趣的事情，不断完善自身。

在朋友的鼓励与支持下，我重新撰写了这本书。在此，我要感谢所有批评我，且给我提宝贵意见的朋友，特别是著名作家、中国家庭教育学会宣教委副理事长康海燕女士，著名诗人、艺术鉴赏家杨皓先生和学弟吴锐涛博士。是你们的无私奉献，让这本书的故事更加丰满，因而更有吸引力。衷心感谢我的好朋友——现任温州医学大学附属眼视光医院党委副书记陈洁，以及浙江科学技术出版社宋东总编、王巧玲副总编的鼎力支持和帮助。感谢陈淑阳编辑的精心编辑和修改。

杨冬华

2023 年 11 月

于美国纽约